杨大春　张尧均　主编

**梅洛-庞蒂文集**

第 12 卷

# 马勒伯朗士、比朗和柏格森论心身统一

〔法〕让·德潘　编

杜小真　译

商务印书馆
创于1897 The Commercial Press

Merleau-Ponty
**L'union de l'âme et du corps**
**chez Malebranche, Biran et Bergson**

本书根据 Vrin 出版社 1997 年版译出

国家社会科学基金重大项目成果

# 总　序

梅洛-庞蒂被称为“哲学家的哲学家”。他非常自然地接受了法国哲学主流传统，其哲学内在地包含了笛卡尔主义和反笛卡尔主义之间、观念主义与精神主义之间的张力；与此同时，他创造性地接受了现代德语哲学传统的影响，含混地将3H（黑格尔、胡塞尔和海德格尔）和3M（马克思、尼采和弗洛伊德三位怀疑大师）的思想综合在一起。这一哲学其实处于现代哲学与当代哲学转折点上，并因此在西方哲学的主流传统中占据着一个非常独特的位置。梅洛-庞蒂对以笛卡尔哲学和康德哲学为代表的早期现代哲学的批判反思、对以身体哲学或实存哲学为核心的后期现代哲学的理论贡献以及对以结构-后结构主义为理论支撑的当代哲学的重大启示，已经毫无争议地把他推入著名哲学家之列。

梅洛-庞蒂哲学在汉语学术界的翻译和研究起步比较晚，尽管在新千年以来取得了较大的进展，新生的研究力量也在不断壮大，但从总体上看仍然难以让人满意。笔者于2014年初提出的“梅洛-庞蒂著作集编译与研究”选题有幸获得国家社会科学基金重大招标项目资助，这里陆续出版的梅洛-庞蒂主要著作就是该重人项目在翻译方面的成果。收入本文集的译作既包括新译，也包括重译和修订。我们希望通过各种努力，为梅洛-庞蒂哲学以及法国哲学的深入研究提供相对可靠的文献。需要说明的是，由于梅洛-庞蒂著作在风格上的含混性，由于一些作品是在他死后经他人整理而成的，翻译难度是非常大的，我们欢迎相关专家和广大读者提出建设性和批评性的意见和建议。此外，由于这些译作是由10多位学者完成的，虽然课题组进行了一些沟通和协调，风格和术语选择上仍然不可能实现一致，这是需要学界和读者们谅解的。

德国学术界在胡塞尔著作、海德格尔著作的整理和出版方面有序推进，成果显著。法国学术界对梅洛-庞蒂著作的整理和出版也取得了相当大的进展，但还没有形成统一规划，至少没有出版全集之类计划。因此，我们在推出《梅洛-庞蒂文集》中文版时不可能参照统一的法文版。《文集》中文版将陆续出版梅洛-庞蒂生前已经出版或死后经整理出版的著述18种，它们基本上反映了这位著名哲学家的思想全貌。梅洛-庞蒂于1961年突然英年早逝，留下了多达4000多页的手稿，它们大多是为他自己的研究和教学工作而作的准备，不是为读者写的，所以整理出版的难度非常大，从而进展缓慢。正因为如此，《文集》始终保持开放，在前述计划之外，未来将视情况翻译出版一些新整理出版的作品。

杨大春

2017年11月11日

# 目　录

# 第一版前言



1947-1948 年期间，马勒伯朗士、比朗和柏格森的名字在哲学大中学教师资格考试大纲中相遇。莫里斯·梅洛-庞蒂当时在里昂三大文学院和巴黎高师开办有关这三位哲学家的心-身统一问题的课程。这里包括（至少在他巴黎的讲课稿中）讲课稿、讲课稿修改稿（见本书第 4-6 课）和文本解释修改稿（第 13-15 课）。我们没能找到作者的笔记，也没能找到里昂听课人的笔记，因此我们在此希冀借助巴黎听课者保留的笔记重构课程的内容。关于作者的笔记，编者受益于安德列·多阿赞、让-路易·杜马、让·若里韦、弗朗索瓦·利茨、艾田·维尔雷。特在此感谢他们的慷慨付出。

梅洛-庞蒂的语言简朴而确定，经常在学生的笔记中得到准确的回应。因此编者的任务变得简单了。当文本有歧义时，编者选择认为最清楚、最确定的。任何歧义都不会损害观念和解释的基础，读者至少可以确信：在此，莫里斯·梅洛-庞蒂的思想并没有走样。我们不期待他永远说话，但我们永远跟随着他思想的活动。

为了便于阅读，我们整理了书中的注解，引文都出自最新版本：马勒伯朗士的文字引自《全集》（*Œuvres complètes*，Vrin，1962 年，1968 年）；柏格森的文字引自百年纪念版（Centenaire，

8 PUF，1959 年）；比朗的文字引自 Tisserand 版，这在梅洛-庞蒂生前就已出版了。

本书的出版得益于安德列·罗比耐的友好推动。莫里斯·梅洛-庞蒂夫人也很支持我们的计划。在此请允许我们向她致以诚挚的敬意。

让·德潘（Jean Deprun）

# 再版说明

在这门课的笔记第一版问世（1968 年）之后，我们得到米歇尔·汝奥（Michel Jouhaud）交给我们的他 1947–1948 年在里昂做的课堂笔记。

在内容和排列方面，两地的课程没有根本差异。不过，在里昂的笔记中，关于马勒伯朗士和麦纳·德·比朗的课堂笔记后附“感觉和无意识”（Les Sens et l'inconscient）的补充注释，独立成章。读者将会看到这部分以附录形式出现。我们特别感谢米歇尔·汝奥先生的慷慨允诺。

巴黎讲稿按 1968 年人们读过的样子整理成文。我们仅仅修正了几处疏漏。

# 第一课　关于马勒伯朗士、比朗和柏格森的哲学史的笔记



马勒伯朗士所属的系统与比朗和柏格森所属的系统完全不同。在马勒伯朗士看来，心-身关系不能给我们以任何正面的教益；这些关系是由灵魂与上帝的关系从外面阐明的：这是笛卡尔的传统。在比朗和柏格森看来，这些关系反而导致灵魂与上帝的关系：这是帕斯卡尔的传统。

布伦茨威格在他的《斯宾诺莎和他的同代人》（*Spinoza et ses contemporains*）中，从斯宾诺莎的角度出发解读马勒伯朗士。他承认马勒伯朗士思想明显承继的是笛卡尔的观念论，在马勒伯朗士看来，几何代表着离上帝的意识最近的知识。"理智先于信仰"。[①]"理性只有以感官引导人们通往理性才具体地显示出来。"[②]布伦茨威格认为，马勒伯朗士只不过是——和斯宾诺莎相反——在超越心-身问题时放弃了把这种观念论引向其极端的结果。斯宾诺莎认为在个体性的幻想破火之时，这个问题就不存在了。"不

① 《论道德》，第一部分，第二章，§ 3；《全集》第十一卷，第 34 页；转引自《斯宾诺莎和他的同代人》，第三版，巴黎，1923 年，第 336 页。

② 同上书，第一部分，第二章，§ 12；《全集》，第十一卷，第 35 页；转引自《斯宾诺莎和他的同代人》，第 336 页。

10 再需要解释完美如何变成不完美了：因为，在绝对的实在中，面对上帝，没有说‘是’和说‘不’的个体。”[①] 布伦茨威格用与斯宾诺莎原则的关系解释马勒伯朗士（和笛卡尔）说：任何规定都是否定的，马勒伯朗士主义于是显示为与斯宾诺莎主义的对抗（就“对抗”在弗洛伊德那里的意义上说）。因此心－身关系只应被当作对一种事实状态的确认而被忽略。

马勒伯朗士于是非常有意识地区分——就像布伦茨威格指出的——两种知识：数学知识：“诸如算术、几何这样的精确科学”，“害怕落入错误”使我们“倾向于”这些科学；另一种是只通过经验获得的知识，这种知识使我们认识到的“不是观念之间的关系，而是我们生活于其间的上帝的作品之间的，以及它们与我们之间的关系”。[②] 马勒伯朗士于是自问：是应该努力去获得清楚的观念，还是应该去理解如此这般的事物，而他确定的二者对立，使我们绝不能把他视作失败的斯宾诺莎。

哲学史家在两种危险中摇摆：按字面解读文本（不对文本进行再思）造成的盲目的危险；通过我们的解释，更多地是以哲学家而不是以历史学家的身份来判断和评价一部作品的危险。笛卡尔派的历史学家企图定义一种笛卡尔主义的逻辑，以便穿越和超过马勒伯朗士而趋向斯宾诺莎，甚至因此无视马勒伯朗士思想中的心－身问题。但是，这种哲学史的客观逻辑只在表面上是必须

---

① 同前引，转引自《斯宾诺莎和他的同代人》，第 356 页。

② 《形而上学的对话》（*Entretiens métaphysiques*），第六章，Cuvillier 版，第一卷，第 181 页；《全集》第十二卷，第 131 页；转引自布伦茨威格，同前引，第 339 页。

的。一个事实总要被解释。对马勒伯朗士做判断的斯宾诺莎不是历史上的斯宾诺莎，而是布伦茨威格所理解的斯宾诺莎。布伦茨威格承认，在这个意义上，对于斯宾诺莎来说有超出斯宾诺莎主义的东西，就像对于马勒伯朗士来说那样，“以后会向人提出的观 11
念论问题仍然……单单向上帝提出来”（同前引，第 347 页）。因此，斯宾诺莎在上帝的镜像中看到了观念论。我们同样可以说，马勒伯朗士在上帝的镜像中看到了不可还原为观念的存在。最初提出的反对意见是布伦茨威格的判断，而不是历史的判断。

我们能得出结论说，哲学史中没有客观的东西，人们不能比较两种哲学吗？非也：如果马勒伯朗士对心-身统一有正面意见，或者如他所能的那样与心身的过程相一致，我们是可以客观地得出结论的。笛卡尔只在三段文字中坚持统一，大量的作品是关于心-身区分的。而在马勒伯朗士看来，心-身关系的部分完全变成了一个区域，也就是通过感觉认识的区域。

全部哲学史就是哲学家从个人角度重新提出他所研究的问题，这是主体的重提，是学说和哲学、叙述和反思——但不是自由的反思。应该了解经验的关系，存在的材料，同时指出并不给出客观方法的真理。笛卡尔的真理并不是从经验中得到的东西；这不是对笛卡尔文本的概括；概言之，这是他所写过的东西的整体，以及他用以生活的方式，这些都由我们能够有的、笛卡尔想要表达的对真理的直观而联系起来。比如，笛卡尔提出心-身问题，他断定二者的不同，但他也认为在日常生活中应该忘记这种区分。哲学史的客观性只是在主体性的活动中存在。理解体系的方法，就是向它提出我们所关注的问题：诸种体系与其各种差异就这样出现了，它们表明我们的问题是否与这些体系的作者提出的问题相同。

12　哲学史是一种面对，是与各种体系的交流，类似于我们与人可能有的交流。哲学家的选择是徒劳的，他们的选择总是像处在边缘，伴随着对选择弃置一边的东西的怀疑。对一事物的任何意识，都同时是对异于这一事物的东西的意识。哲学的每一种选择都突显在未被选择之物的背景下，哲学家由此互相交流，正是这样的残余维持着人与人之间的对话，也因此维持着哲学的历史。根据这种精神，我们把马勒伯朗士有关心-身的文本视作与其它文本同样富有意义。我们努力寻找马勒伯朗士特别看重的东西，但不会忽视在他的文本中没有沿袭笛卡尔主义的地方。

# 第二课　笛卡尔的心-身统一



心-身统一问题在笛卡尔那里不像通常人们设想的那样是单纯的思辨难题。对于他来说，问题是要弄清楚一个悖谬的事实：人的身体的存在。在"第六沉思"中，心-身统一是通过对饿、渴等等的感觉"告知"我们的……这些感觉来自"心灵和肉体的混合"；或者，"所有这些……感觉不过是思维的某些模糊方式"。[①]1645年，笛卡尔在给梅斯兰神父的信中说："我并不太确定，我现在的身体和十年前的身体是否是同一个身体，尽管组成身体的物质已经发生变化，因为一个人身体的数的统一并不取决于物质，而是取决于作为心灵的形式。"[②]身体因此不单纯是一堆物质，它是非斯宾诺莎意义上的，以恒常方式组成的一个整体。在笛卡尔那里，功能的连续性毫无疑问。从这些文本中可以看到笛卡尔提出的是与灵魂"融合、掺混"的具有生命的身体的问题"。[③]

让我们重提三个重要文本：(1) 1641年8月"致伊佩拉斯皮斯特的信"："Si enim per *corporeum* intelligatur id oune quod potest

---

① AT版，第九卷，第64页。

② AT版，第四卷，第346页；《著作和书信》(*Œuvres et lettres*)，Bridoux版，第1224页。

③ AT版，第九卷，第64页。

14 aliquo modo corpus afficere，mens etiam eo sensus corporea erit dicenda”（因为，如果人们将有形体的理解为能影响身体的东西，不论以什么方式影响，在这个意义上，精神也可以说是有形体的）。[1]（2）1643 年 6 月 28 日“致伊丽莎白的信”。笛卡尔在信中解释说，应该尝试根据传统物理学的重力和广延的形象设想灵魂和肉体的统一。不过，除非给予灵魂某种物质性，否则这种关系仍是不可想象的:“但是，既然女王殿下认为，赋予灵魂以物质和广延比赋予它移动物体和被物体移动的能力更容易，而无需具有物质，我恳求您能够自由地赋予灵魂这种物质和广延。因为这只不过是设想灵魂与肉体的统一。”[2]（3）1648 年 7 月 29 日致阿尔诺的信：“Si enim per corporeum intelligamus id quod pertinet ad corpus，quamvis sit alterius naturae，mens etiam corporea dici potest，quatenus est apta corpori uniri”（因为，如果我们将有形的东西理解为属于身体的东西，尽管它仍有另一种性质，因此灵魂也能够是有形体的，因为它的本性就是要与身体统一）。[3] 第一个文本收入“对反驳的答辩”（*Réponses aux objections*），值得认真对待。

不过，我们要注意到，这些论述在其文本中总伴有一定的限制。每当笛卡尔在某种意义上断定灵魂的形体性时，他都会补充说这种形体“不是由人们称为身体的实体构成的”。[4] 在致伊丽莎

---

① AT 版，第三卷，第 424 页;《著作和书信》，Bridoux 版，第 1130 页;“致阿尔诺和莫赫的信”，Lewis 版，第 41 页,《哲学著作》（*Œuvres philosophiques*），Alquié 版，第二卷，第 362 页。

② AT 版，第三卷；第 694 页；Bridoux 版，第 1160 页。

③ AT 版，第五卷，第 223 页；Bridoux 版，第 1309 页；Lewis 版，第 91 页。

④ 致伊佩拉斯皮斯特的信，Alquié 版，第二卷，第 362 页。

白的信中他明确地说“这种物质（身体）的广延与这种思想（灵魂）的广延性质不同，前者被规定在某个地点，排斥任何异于身体的广延，而后者则完全不同”。[①] 在 1649 年 4 月 15 日致莫赫的 15
信中，笛卡尔似乎尝试从哲学上建立灵魂和身体的统一。笛卡尔在信中区分了“实体的广延”和“潜能的广延”，后者属于灵魂：“quantum autem ad me，nullam intelligo nec in Deo nec in Angelis vel mente nostra extensionem substantiae，sed potentiae duntaxat”（在我看来，在上帝、天使、我们的灵魂中不存在实体的广延，而只存在潜能的广延）；[②]“……潜能的广延或潜能中的广延。”[③] 但是，哪一种广延能够符合这个概念？灵魂从身体来看，显现为与身体相合，并且通过接触而赋有广延。但这只涉及其他人的灵魂，而不涉及作为灵魂的灵魂。在外，我们从灵魂中看到扩展的广延；在内，我们只有通过反思才能把握它。

因此，笛卡尔在任何地方都不认为“人能思考统一”。对此没有任何可说的。从柏拉图的意义上讲，笛卡尔就此引入的各种观念都是神秘的：旨在提醒听者，哲学分析并不穷尽经验。

统一只能通过统一被认识：“只有在日常的生活和谈话中，并且不去沉思和研究那些进行想象的事物时，我们才要设想心–身的统一。”[④] 于是，一个新的问题就提出来了：不是“如何协调事实的

---

① AT 版，第三卷，第 694 页；Bridoux 版，第 1160 页。

② AT 版，第五卷，第 342 页；Bridoux 版，第 1334 页。

③ Lewis 版，第 159 页。

④ 致伊丽莎白的信，1643 年 6 月 28 日；AT 版，第三卷，第 692 页；Bridoux 版，第 1158 页。

统一和本质的区别”，而是“人们不能思考的区域是如何能够存在的”？“第六沉思”谈到：既然上帝不是骗子，“自然倾向”就包含着某种真实性。但如果笛卡尔真的采取看待上帝和世界的双重立场，他能坚持这种立场吗？如果我们认真看待“第一沉思”中
16 的方法，我们不会把“第六沉思”视作表面的看法吗？反之，如果我们认真看待“第六沉思”，“第一沉思”中的方法又如何可能呢？在笛卡尔那里，彻底的有神论（任何真理都建立在上帝之上）和实际的无神论结合在一起了，因为一旦认识到神圣的真实，我们必然要回到上帝那里。如果心-身统一是混乱的思想，那我如何能够发现“我思”呢？如果我发现了“我思”，我如何能成为“第六沉思”中的自然化的主体？

斯宾诺莎把“第六沉思”中的经验模式视作“否定”的模式。相反，马勒伯朗士既没有用“我思”，也没有用证明上帝存在使“我思”变得不可理解，它们没有使我们不再内在于我们所是的自然的主体。这样，笛卡尔主义的两种平衡的对立模式就被确定下来。

# 第三课　马勒伯朗士的自我意识



## 一、作为自身经验的有限意义上的“我思”

笛卡尔在思维和存在之间确立了一种内在联系（热鲁似乎因为在其中只看到对“两种简单本性的观念联系”的把握而降低了笛卡尔的功绩[①]）；如果是这样，这种联系就会比其它真理更加肯定。如果我想我在，那并不因为对准着“思想”和“存在”的客观思维，而是因为我自身就是这种联系，是因为我实现了这种联系。正如热鲁这次极其正确地说的，“我思”是“对于这种确信的确信”。[②] 当笛卡尔强调说“要思想，必须存在”的时候，他是在阐述，而没有奠基：这是对思想由之而存在的活动的阐明。但这种活动只在瞬间才能被把握：接续“我思”的时间律动把我和我自身分离开来，什么都不能证明我随后还应该存在。拉谢兹-雷伊说笛卡尔拒绝“把时间的非时间的统一引入到心灵中去”，[③] 因而没

---

① 参见《马勒伯朗士论广延和心理学》（*Étendue et psychologie chez Malebranche*），巴黎，1939 年，第 11 页。

② 同上。

③《康德的观念论》（*L'idéalisme kantien*），第二版，巴黎，1950 年，第 18 页。

18 有能“置身于［思想的］［内在规律］之中，没有能置身于它的建构的统一之中”。[1] 在“我思”的瞬间，确信仍是完满的。

相反，马勒伯朗士公开地把“我思”看作对一原则的悬置。“虚无没有特性，我思故我在。”[2] 这就是说，是我把我自己视作某物的特性。我的思想应该是某物的特性，因为我的思想并非乌有。无论什么思想的内容都可以进行这种“我思”。马勒伯朗士不是通过持续不断的怀疑，这种怀疑突出思想，因为思想确定了自己的存在，而是使用心灵中存在的一切。他认为，我的思想无论真假，始终是思想。如果思想并非乌有，就应该把它带回到某物之中。“如果人们想要让灵魂中有某种先于思想的东西存在，那我对之就没有什么可说的。”[3] 这是一种“开放”的观念：马勒伯朗士甚至没有肯定思想是灵魂的实体。马勒伯朗士的“我思”并没有让我拥有我的思想，并没有让我等同于他的原则。“内在感觉对于证明某物存在比什么都确实，但它对于认识某物是什么却没有什么用处。”[4] 我不是在我的思想的建构着的印记和根源那里把握到我的思想的。“我不是我自己的光。”此外，这样的思想在我看来是可怕的。“若没有某种惧怕，我就不能（对之）做思考。”[5]

---

① 《康德的观念论》（*L'idéalisme kantien*），第二版，巴黎，1950 年，第 21 页。

② 《形而上学的对话》（*Entretiens métaphysiques*），第一章，§ 1；Cuvillier 版，第一卷，第 62 页，《全集》，第十二卷，第 32 页。

③ 《真理的探求》（*De la recherche de la vérité*），第三卷，第一部分，§ 1；《全集》，第一卷，第 388 页。

④ “对阿尔诺先生的反驳的答辩”，第一卷，第 273–274 页；《全集》，第六卷，第 162 页。

⑤ 《形而上学的对话》，第五章，§ 4；Cuvillier 版，第一卷，第 162 页；《全集》第十二卷，第 115 页。

## 二、广义的，包括思想对象的“我思”

我思考的各种观念并不是我的思想，因为思考一种观念并不是从理智上产生它。但是，我的各种观念好像是通过奇迹向我显 19
现。正是从对自身的模糊感觉出发，我们过渡到上帝之光。这种模糊“也可以用于证明那些向我们表象我们之外的某物的观念并不能改变我们的灵魂”。[①] 观念的定义，就是它面对我，它是场景、对象。没有模糊的观念；我们感到的模糊来自灵魂。我之所以认识自己并不是由于某种盲目的接触。因此不存在灵魂的观念，而只有广延的观念。这种观念是光，我从来没有与之相遇，它总是在出自于我但我又与之保持距离的意向之后表现出来。如是奠定了我的知觉和各种观念之间的区别。在观念的内容和观念在我这里留下的痕迹之间没有任何关系。

观念不是乌有，不是我的，那么，它们从何而来？任何观念都是某物的表象；这是使观念同时是光和并不自足的某物。这是一种表象性的存在，因此也是派生或不完满的存在。在观念中有虚无。每一种观念因为否定其它观念而区别于其它。“我的手……包含着无穷无尽的‘无’。”[②] 同样，广延的观念否定任何其它存在

---

① 《真理的探求》，第三卷，第一部分，第七章，§4；《全集》，第一卷，第452页；还可参见“反驳和答辩”，第四卷，第112页；《全集》，第九卷，第1067页。

② 《一个基督教哲学家和一个中国哲学家的对话》(*Entretien d'un philosophe chrétien et d'un philosophe chinois*)，《全集》，第十四卷，第4页。中译本，庞景仁译，商务印书馆，2005年，第199-236页。

的完满。

由此，观念不能通过本身延续，它显现在一个整体的背景上，显现在它在其上显现为被提取物的整体的背景上。观念只凭本身是不可知的。它“表象某物……”，“反映某物……”；因此在各种观念背后应该有凭借本身是可知的物：这可知物，就是上帝。“我们只能设想：巨大和普遍的存在能够被一种观念，也就是说被一种特殊的存在感知。”[1]理解上帝无需观念；在我们与上帝的接触中，针对观念的全部认识活动建立起来。

20 “我思”包含三方面：(1)对我自身的意识：我模糊地触摸自己；(2)对我所指向的观念的认识；(3)对没有观念的上帝的认识。严格说来，上帝没有得到证明，除非是通过纯粹的观视。马勒伯朗士的“我思”一下子就明白关于我自身、各种观念和上帝的三种经验。完全的“我思”是上帝中的观视。然而，我们不能直接看到上帝：“当上帝要创造世界时，我们看不见上帝在自身中看到的东西。”[2]如果诸观念不是我们的，那我们如何能够思考某物？认识似乎只有在是清晰的条件下才有可能。即使是当我没有明确地想到这些观念，它们仍然出现在我的精神之中：“精神与这些观念有着距离，但没有完全不关注它们，而是几乎总是处在探求这些观念并接近它们的状态。”[3]

---

① 《真理的探求》，第三卷，第一部分，第七章，§2；《全集》，第一卷，第449页。

② 致梅兰的第三封信，Moreau版，第136页；《全集》，第十九卷，第883页。

③ 《真理的探求》，第三卷，第二部分，第八章，§1；《全集》，第一卷，第456页。

因此，我与诸观念的关系和我与被感知世界的关系相同。视域的关系并不是完整拥有的标记：我只有通过自我移动才能够照亮视域，这是我还不理解的东西。这也是我与诸观念的关系：我为了更清楚地看见它们而使用我自己熟悉的方法。

这就是马勒伯朗士的概念，这个概念引发各种难题，阿尔诺曾经对此有所说明。“我不是自己的光”——我还应该看见观念之光！马勒伯朗士应完全同意并谈论（第三形而上学的对话）“被创造的理性”（“被创造的理性，我们的灵魂，人类精神，最纯粹、最高贵的理智，它们都能看到，但不能够创造这光”）[1] 但是，我之所以是“被创造的理性”，是因为我在思，是因为我能坚持被称作观念的超越性吗？什么是对观念的感知？然而这是我们的命运。一种只限于获得感知的理性是什么？马勒伯朗士在“答瑞吉”中 21
承认：“被创造的精神可被更准确地定义，即感知触摸或改变实体的东西的实体，或干脆说思考的实体。”[2]

再者，正如阿尔诺所观察到的，马勒伯朗士这样谈论灵魂：因此，他必定以一种或另一种方式拥有灵魂的观念。人们赞同他说我们没有灵魂的观念，却有广延的观念吗？这样引入的模糊性不会延伸到其它观念并且影响到身体的观念吗？我们能承认这种模糊性吗？“疼痛、颜色和其它类似的东西只有当我们错误地认为它们外在于我们的灵魂时才是模糊不清的，随之而来的结果是：可感性质的观念只有在与身体相关联时——就像它们是身体的改

① 《真理的探求》，第三卷，第二部分，第四章；Cuvillier 版，第一卷，第 102 页；《全集》，第十二卷，第 64 页。

② 同上书，第二章，§14；《全集》，第十七卷，附录一，第 289 页。

变——才是模糊不清的。因此，我们从它们的模糊不清不可能合理地得出与灵魂观念的清晰相对立的东西，这就会更让人怀疑广延观念的清晰性。”①

此外，阿尔诺错误地只在这种理论中看到了纯粹的不一致；马勒伯朗士实际上力图建立一种模糊而又正当的自我意识的理论。我能够从广延的观念出发建立灵魂的“假-观念”：(a）通过排除，让灵魂避开与距离相关的一切；(b）通过类比，因为我能够将广延的某些属性扩展到所有被造物——因此扩展到灵魂，上帝以与身体同样的名义创造了灵魂。但这不涉及真正的知识。灵魂自始至终是不确定的，而我们有关灵魂的观念将始终是半-思。

这里需要提及一般语言的困难，特别是有关情绪的自然语言的困难，确保情绪的“感染交流”的“自然符号”的困难。马勒伯朗士使用类似的方法——做了必要修正——来建立他的灵魂理
22 论。“要当心……精神与物质的这些关系并不完全是对应的，人们把二者放在一起做比较只是为着让精神更引人关注，就像让他人感到他要说的话那样”（《真理的探求》，第一卷，第一章，§1，《全集》，第一卷，第41页）。

在马勒伯朗士那里，有一种有意识地让“未被反思的”进入哲学的意向。笛卡尔的“我思”是在某个时候被发现的，尽管有些迟，尽管还需要解释；仅这个事实就证明反思的我不可能被视作我自己。另一方面，我把我的身体视作我自身的一部分；我之

① 《真实和虚假的观念》（*Des vrais et des fausses idées*），第二十三章；Cologne 第一版，1683年，第257-258页。

所以有灵魂的观念，并不是因为我把身体作为牺牲献给上帝，我也不会这么做。圣子说："如果你清楚地看见你是什么，你就不再能够和你的身体如此紧密统一。你就不再能把身体视作你自己的一部分。"[1] 这是承认我们的身体是被我们自己合法地把握的。

马勒伯朗士分析了人的自然态度。我自然而然转向世界，忽视了自己。我只是通过经验才知道我能够思考过去；我的记忆并不通过直接把握一种活动而被知晓。我对过去的参照并非我的活动。我获取过去：我得到某些回忆。我因此并不是支配并展开时间的精神，而是具有某些能力的精神，这种能力并不知道时间的性质。我从来不知道我的价值所在，不知道我是对还是错。因此存在我由之真正被给予我自己，我并非是我自己的初始的形态。对隐含着模糊性的我来说不存在明晰性，这种模糊性就是我自己。如果我的灵魂被观念所认识，那我就必须有第二个灵魂以便有观念的观念。如果意识面对自身应该拥有清晰的观念，那意识对自己是模糊就显得尤为重要。

马勒伯朗士面对着被动性的问题。我们继承的权力并非直接
是我们的权力：我记录下一次活动的诸多结果，凭借记录我不会 23
弄错。在马勒伯朗士那里，不存在精神哲学，而是有灵魂的象征的和物质的思想。知识在其中丧失了其统一性。灵魂被知性广延"触及"。没有任何内在关系把灵魂与它没有建构的空间结合起来。在一种应有从自我到自我的迂回，以及灵魂与自己的模糊接触的

---

① 《基督教的沉思》(*Méditation chrétiennes*)，第四章，§ 19；《全集》，第十卷，第104页。

哲学中，分裂是不可避免的。

严格说来，马勒伯朗士达至的是一种完全不是他的哲学的哲学，一种根本无法区分灵魂与身体的哲学，一种纯粹开放的思想。为了摆脱这种哲学，他应该找到重建没有出现在灵魂中的理性的方法，找到对我们来说是模糊的东西从之看却是清楚的视点。为了置身于上帝之中，对自我的感知将改变位置。

这就是马勒伯朗士的人的自由的观念所表明的。这个观念赋予自我意识以更多的价值。我对自己的内在体验足以肯定我的自由，但不足以认识它。为什么我们没有自由的内在概念？自由只是人所拥有的决定权力：决定是否追随把他带到上帝那里去的运动。不过，我们对这样的运动并没有情感直觉。自由先于原罪，而不是在原罪之后把我们和上帝连接起来：有罪之人用无限地占有特殊财产代替朝向无限的运动。马勒伯朗士为了描述人堕落之前的处境，使用了巧妙的方法：从观察存在——从这个词的本意上讲，即从某种不透明物的意义上——出发，他拒绝停留在非理性主义之中，并且诉诸与我们实际处境（堕落的处境）没有直接关系的神学超级结构。但是他没有像后来康德引入“根本的恶”那样引入原罪：人的本性完全是理性的。马勒伯朗士承认非理性的存在，但把理性的各种条件及其清晰的关系投射到上帝之中，多亏了这些，人的本性变得可以分析。

# 第四课　自然判断和感知 24

“自然判断”是一个混杂的和模糊的术语，让人想到意识的两种对立的可能性。一方面，意识总是感知，永远不是我自身和我的思想内容之间的重合：“当有人触摸我时，我只是在我自身中感觉到，这是必然的”，[1]甚至在观念的层次上也是如此。在感性意识和知性意识之间，只有理智的广延作用于我的行动的差异。但另一方面，把我规定为精神的就是感知的事实：“对于灵魂来说，接受是人们所说的痛苦的存在与感知或感觉到痛苦是一回事，因为灵魂只有以异于感知痛苦的方式才能接受痛苦。”[2]意识不可能被引发或受影响：它与异于自己的东西只能保持感知的关系。诚然，马勒伯朗士不相信感知就是显明，但“感知”和“感觉”之间存在着对立。

这个问题在涉及自然判断时又出现了。当意识得到广延观念的一点印象时，“就会形成自由判断”。这是“自由几何学”的起源。但判断的清晰并非由于关联的意识：尽管情状（正在看的我）和内容（我看见的东西）之间有明显的不同。相反，当我接受的 25

① 《基督教的沉思》，第二章，§4；《全集》，第十卷，第20页。

② 《真理的探求》，第一卷，第一章，§1；《全集》，第一卷，第43页。

触摸更加强烈时，两个领域的界限会变得模糊：在这个时刻，我把广延置于我的情状之中；而且由于灵魂只能是知觉，那这就必须也成为一种判断。但是我没有发现主词和谓词之间的关系。我们寻找灵魂如何能够既是观念的知觉，又是被动的、会犯错误的主体：自然判断构成了灵魂的这两个方面的关联。

它们之中某些总是假的（双手感觉到的热度），另一些总是真的。这个观念代表着本己身体理论的预备。我如何能够有对在我之外发生的理智活动的结果的意识呢？然而，本己身体的问题恰恰在于身体既是本己的，又是异己的。自然判断的理论依据神学的超级结构解决这个问题：在没有我参与，也不顾及我的情况下，上帝在我之中、为我做判断。

布雷耶在他的论文“马勒伯朗士的自然判断”[①]中依据“马勒伯朗士设定‘形式和距离是由视觉确定的’”，谈到了“伪问题”。[②]一旦人们承认贝克莱所说的“几何学涉及的是通过触觉认识的固体”，[③]自然判断的理论就变得没有对象了。这是否认赋予这种理论以普遍价值的一切，是拒绝将这种理论植根于马勒伯朗士的思想中。

对《真理的探求》版本的比较让我们看出：关于这个主题，马勒伯朗士从观念论过渡到了偶因论。让我们研究一下这个难题。

（A）笛卡尔在他的《屈光学》的“第四论”中以理智主义的

① 发表在《哲学杂志》，1938年；后收入《现代哲学研究》（*Études de philosophie moderne*），巴黎，1957年，第72–78页。

② 同上书，第77页。

③ 同上书，第78页。

精神解释了深度知觉。与 X 点的距离是由“自然几何”和“思维
活动来判断的，思维活动只不过是非常简单的想象，它不允许自 26
身中包含有类似土地丈量员做如下事情时做的那种推理：土地丈
量员借助两个不同的点来测量一些不能达至的点”。[①] 因此，这里
涉及所**包含的判断**。这是甚于无意识判断（不可思议的概念，因
为它设定了对于真实关系的无意识的意识）之所在。这与其说是
观念论，不如说是目的论。人们置身于知觉着的主体之外思考这
一主体：学者的立场，而非主体的立场。人们关注外在的视点：
笛卡尔在此引入“自在”的或“为我”的判断，而不是“自为”
的判断。然而，在《形而上学沉思集》中，笛卡尔采取了真实的
立场，即人从感知获得经验的立场。在此，出现的是真正的观念
论，这种观念论不再把判断当作因素或力量。比如，在蜡块的例
证中，判断不是补充的因素，不是支撑。相反，蜡块因为具有广
延的不变性质，所以只对精神有意义。正如阿兰所说，“立方体是
判断”，因为立方体定义只对思想存在：立方体从来没有被**视作**立
方体。在此，感知就是判断，因为感知利用了肯定的力量，这是
唯一能够把握整个立方体的力量。同样，当涉及对“大、小”的
感知时，真正的观念论不在于说：“存在着判断，因为对象的‘大、
小’是被推导出来的。”在此，判断仍是一种因素，一种心理原
因。就“唯有部分的知觉才是可能的”而言，观念论在此是要说：
只有世界才是整体的系统。

---

① 同前引，AT 版，第六卷，第 137–138 页；Alquié 版，第一卷，第 707 页；Bridoux 版，第 222 页。

我们可以对理智主义的心理学家说：“您得出远、近的距离，但是从哪里开始呢？”这是引入纯粹因果意义上的判断。真正的观念论肯定存在着对大、小和对距离的感知，对存在于对象和宇
27 宙的位置和结构中的大小和距离的感知：在这种观念论看来，没有对世界的完整意识，就不会有意识。在此谈论感性知觉是没有意义的。不过，马勒伯朗士无视这种真正的观念论：他的灵魂理论使他对之却步。但他的理论引起一些内在困难：自然判断不能与其它任何判断一致。

观念论分析从各个视角出发追溯到对视角的实际测量，但这样各个视角失去了意义，人们摧毁了想要分析的东西。我们转去看一下“被思的立方体”：它和立方体一样消失了。主体在任何地方都没看见立方体，但又处处都看见它。但是未处于一个地方的主体如何能区分每个立方体的内和外、内部和外部呢？同样，“垂直运动”对于一个未处于一个地方的主体又意味着什么？人们不能达到处于被知觉物之外的未处于一个地方的思想，也不能找到通过我们视角中的活动超越感觉材料的方法。

（B）另一个是马勒伯朗士的假设。当指示某种东西的标记给予我时，我根据上帝创立的法则全盘接受由之得出的结论。这是目的论：我受益于上帝一劳永逸地创造的从符号到意义的过渡。不过，如果这是上帝在判断，那就不是我在判断：如果他给予我们没有中间过程的结论，我的意识就会变成一已完成的过程。上帝在物体的恒常中保持着固定的形象。重要的不再是理想的恒常，而是我之中真实的恒常。这种目的于我是外在的，自然判断理论变成了任意一种经验论的对等物。事实上，比如这个散热器的恒

常，就是通过变化产生的实际一致的结果：不过，观念论和实在论二者都取消了视角主义。在观念论看来，视角只是一种非存在。至于实在论，则用对真实大小的把握代替视角。

自然判断理论于是提出一个普遍问题：超越在观念论和实在 28
论之间二择一的问题，前者给予我整个世界的内在意识，在后者中意识则是由连续不断的状态构成的。这两个概念都没有真正触及问题。对观念论来说，必须表明这种纯粹意识如何能够在自身中接受处在可感世界的思想的主体的特定视角。这种观念论就是萨特的《自我的超越性》中的观念论；意识在其中是“完全轻盈和透明的”，它不给“寓居者”，甚至不给“我”任何位置。[①] 各种感觉和我一样都是面对意识的。对萨特来说，不存在他人的问题：我离他人并不比离自己远，这反过来意味着，他人离我和我离自己同样近（或同样远）。但是，如何理解这种空无的意识和它的质料之间的关系呢？问题难以解决，物质离意识太远了。这种意识在任何地方都与质料没有联系，它是神性的。如果我们认真地考虑质料的内在，就不再能坚持双重部分的分析。《论想象物》中的分析：影像在其中不是被设定为呈现在我的意识中的物，而是被设定为一种想象的意识。不过，萨特的分析并不完全清楚：想象的意识如何与判断的意识相区别？当我想象时，在我面前不仅仅有一个不在场的存在的类似物：不在场的存在物神秘地向我呈现为在场的——神秘的准-在场的在场。我如何能够为自己提供这样

① 同前引，巴黎，1966年，第25页；最先发表在《哲学研究》，第六卷，1936-1937年，第90页。

的准-在场？我回忆它，就像人们回忆死者的精神。

意识在此发挥自己的作用。意识和影像之间存在一种同谋的、诱惑的关系。如果我的意识被诱惑，那在它和它的质料之间就存在秘密的关系。这个问题把我们引向观念论之外。

我们可以说，形式、对象等的恒常是自然的组织化过程的结
29 果吗？这是忘记了我的感知是意识，并且宣称了一种颠倒的观念论。

问题如下：纯粹自为和意识在意识面前设定的东西之间必须有一中介，自为和自在之间必须有种默契。笛卡尔说："是灵魂，而不是眼睛在看。"[1] 他认为，"眼睛或灵魂"，只能择其一。自然判断要成为这种中介，但只是在自在和自为之间摇摆不定。要超越这种二择一，就不能首先思考纯粹的意识，而是必须回到感知本身；关注已经在活动、已经处于某处的意识，不相信意识的图式概念。如果我给予自己一种意识的纯粹观念，那我永远不能找到知觉。但是意识难道不恰恰是永远不能被视作纯粹的东西吗？

我们看到，在马勒伯朗士那里，今天的问题已经存在，并且在神话或梦中出现。哲学家的历史处境限制了他能确定地思考的，但不能限制他能想思考的。

---

① 《屈光学》，"第六论"；AT 版，第六卷，第 141 页；Bridoux 版，第 224 页；Alquie 版，第一卷，第 710 页。

# 第五课　可感的广延和理智的广延 30

既然感觉是灵魂的形态，那广延就不能说是可感的。我们又把这些形态给予广延：于是在这些形态和理智的广延之间存在某种关联，应该探究推动我们至此的本能的基础。

广延不是存在的方式，而是存在。这不是抽象：它就像一幅白布包括那些要画在上面的图画那样包括它的各个部分。广延及其部分之间的关系不能参照解析几何而得到澄清，正如布伦茨威格所认为的。[①] 拉波特在“马勒伯朗士的理智的广延”[②] 中观察到，马勒伯朗士并没有给出例证。[③] 在理智的数字之间没有任何共同之处，“所有这些数字都是可通约的”，[④] 理智的广延，它们的各个部分并不总是那样。[⑤] 实际上，马勒伯朗士对广延做了直接的分析，31

---

① 参见《斯宾诺莎和他的同代人》，第354页：“马勒伯朗士仅仅根据解析几何与空间的关系思考解析几何，……空间的可感表象预设了没有部分、没有广延的观念的实在，它是圆的方程式那样的关系。”

② *Étendue intelligible chez Malebranche*，发表在《国际哲学杂志》，1938年；参见《17世纪法国哲学史研究》（*Études d'histoire de la philosophic française au XVII$^e$ siècle*），第153–192页。

③ 同上书，第162页。

④ 《形而上学的对话》，第二章，§2；《全集》，第二卷，第52页；Cuvillier版，第一卷，第86页。

⑤ 同上。

同样，莱布尼茨直接批评了拓扑学（analyse situs）。马勒伯朗士面对着空间性。

在理智的广延和被造的广延之间存在何种关系？

在《真理的探求》（第一版）中，我们在上帝身上看到了所有形体的观念。理论在“第十说明”中改变了：人对广延的经验实际上服从于视角的变化，人们不能承认上帝自己感知了个体的身体。但马勒伯朗士没有放弃将各种特殊东西的理想基础置于上帝之中。参见“答瑞吉”，第二章，§5：“可以肯定，人们只能在通过颜色变得可感和特殊的一般的和理智的广延中看到形体。”[①]“一般”这个词有些模糊：这不是说强力与行为的关系，而是说广延包含了所有存在的内在萌芽。

理智的广延是“被造的广延的观念”。实际上只有（被造的）广延和（理智的）广延的观念。可感的广延是与根源相关联的，没有根源，可感的广延不能够被思考：在奠定各部分之间关系的运动结束时，存在着外在性的内在发生。

马勒伯朗士在此重新进行他的知识分析：为了有知识，我前面必须有一个表象的存在（“意向性的”），否则，我的灵魂将分散开来，并且受其情态的摆布。必须有一种存在，它的全部本质在于呈现给知识并且反映实在，因为人的灵魂凭自身不能拥有这种灵活性和透明性，而唯有这二者能够让灵魂有能力去认识。

理智的广延既不属于主体（这实际不是认识的行为）；也不属于对象（这不是自在）；这是真实的广延由之呈现给认识的理想的

---

① 《全集》，第十七卷，附录一，第282页。

核心。如是，就可以解释这样的事实：只有一种广延，不过它是理智的广延，即它是存在的模式，这种存在只是从广延的意识到 32
实际的广延的过渡状态。理智的广延并不是神的心理的特征，这会把它变成一个物，或一种类型的物。

笛卡尔在致莫赫的信中说："因此，我认为，只有处于想象之下的事物才有广延，一如它们存在着彼此不同的部分——ita illud solum quod imaginabile，ut habent portes extra partes… dico esse extensum。"[①] 此处描述的恰是由连续性和可能的分化组成的理想的核心。马勒伯朗士思考这一核心，并且把它描述为由理智部分组成的、包含"外在的和远离的东西"的对象。[②] 然而，他从致阿尔诺的信就开始肯定："一个圆的理智的那段要比这同一个圆要小，并且既不占多也不占少的位置，因为它不占据任何地方。"[③] 这是一种妥协？不，马勒伯朗士想到的是展伸的广延，空间化的空间，这种空间仍是空间，因为主体已是空间化的。这是一种哲学态度，这种哲学认为存在空间的理想性，且没有把广延还原为不是广延的东西。

拉波特由于不理解这些，犯了以下几个错误：

（1）他问道："如何理解某种非物质、非广延的东西能够向我们表象物质，或者被用作上帝创造物质的模式。"[④] 不过，恰恰因为

---

① 1649 年 2 月 5 日；AT 版，第五卷，第 270 页；《与阿尔诺、莫赫的通信集》[*Correspondance avec Arnauld et Morus*]，Lewis 版，第 114 页，第 115 页。

② "第六说明"（VI，Eclaircissement），《全集》，第三卷，第 61 页。

③ "致阿尔诺的信"，第一卷，第 342 页；《全集》，第四卷，第 203 页。

④ 同前引，第 167 页。

理智的广延只是表象性的，所以它能够表象实际的广延。拉波特没有区分心理内在性意义上的广延和理想性意义上的广延：前者不可能延展，与广延的思想相对，后者则相反，使广延成为可能。

33 （2）他说："被认识的对象因为被纯粹认识所认识，从类别上讲就完全是无色的、不可见的广延的观念：虚空空间的观念，概括说来，或更准确地说（马勒伯朗士和笛卡尔都认为是幻想的虚空）是空气的观念"，而且，在谈到这个问题时，他提到了"答瑞吉"（第二章，§3）中的一段话："因为空气是不可见的，这个观念并没有用某种颜色或某种可感知觉改变我的灵魂以便去表象它，而是用纯粹的知觉。"[①] 但是，这并不意味着理智只是变弱的可感物。这种纯粹性完全是相对的。

（3）当马勒伯朗士思考那些不在任何地方的形体时，他说：理智的广延是"精神的直接对象"。[②] 拉波特由此推论说：理智的广延只是想象的广延，它是这样一些形象的材料，当代心理学仍常常把这些形象当作与**物理**世界相对的**心理**世界的组成成分，[③] 它只寓居于我们的意识之中。这样的看法是错误的，因为马勒伯朗士并不认为意识是封闭的：意识的意义并不是它自己的。拉波特在此给出了定义的一个例子，而且认为他能反过来推论。马勒伯朗士恰恰因为是传统哲学家，通过幻觉（梦想，幻觉，错觉）走出了实在论，但这并不是说理想性是幻觉。心理的内在再次只是

① 同前引，第 176 页及注 5；参见《全集》，第十七卷，附录 1，第 281 页。

② "答阿尔诺汇编"（*Recueil des reponses à Arnauld*），第一卷，第 342 页；《全集》，第六卷，第 204 页；转引自拉波特，第 180 页。

③ 同前引，第 180 页。

朝向先验的内在的一个过渡。

真正的问题是："在广延的观念中，是否存在着包含广延的整个实在的方式？"马勒伯朗士说过："（上帝）拥有被造物的全部现实性和完美性，没有任何不完美，没有任何限制。我的手不是我的胳膊。它是真实的，但它可以说包含我的胳膊的虚无，以及宇宙其它的一切。"[①] 不过，在上帝中没有这种否定的位置。马勒伯 34
朗士明白这一点，他补充说："但是上帝之中不存在任何虚无。"[②] 圣子如何能够表象广延？马勒伯朗士没有回答，或者不如说是以不-接受而结束："如果有人要求我清楚解释圣言如何用理智的方式包含身体，或如何使神性实体——尽管非常简单——代表被造物，或被被造物所分享，我会回答说：这是我不能理解的无限的一种特性，我将坚持这个看法。"[③]

换言之，被造物构成的虚无是否纯粹是缺失存在？如果虚无什么都不是，我们走的就是斯宾诺莎之路。否则，人们会问：既然在上帝那里没有这种真实的虚无，上帝是否仍是上帝。不过，《与梅兰通信集》（*Correspondance avec Mairan*）坚持认为广延的各个部分是相互外在的。广延的"立方尺"，无论周围是否有物，始终是其所是。鉴于它是所有其东西的虚无，它保持着自己的存在。"使立方尺和其它一切相区别的，是其固有的存在，是其实

① "关于死亡的第二对话"，Cuvillier版，第二卷，第244-245页；《全集》，第十三卷，第403页。

② 同上书，第245页；《全集》，第十三卷，第403页。

③ "答阿尔诺汇编"，第一卷，第343-344页；《全集》，第六卷，第204页；转引自拉波特，第186-187页。

存。无论是有共同性质的存在，或是有不同性质的存在，无论是否可能有存在，或周围是否有东西，虚无都永远是其所是。”[①] 梅兰质疑他说，A 球是否是一个实体，因为“……它是无限的，因为谁能让它结束呢？”对此马勒伯朗士回答说：“我要说，什么都不能让它结束。因为，让它结束不需要任何什么东西。”[②] 马勒伯朗士因此坚决地说：所谓诸物的虚无，并非是“乌有”；诸物因为不是上帝，就必须在自身中拥有自己的存在。

回到可感的广延、本能、自然判断上：所有这些概念都预设了在清楚分明的思想之外的“和存在的关联”。

---

① “第三答辩”，收入《与梅兰通信集》，Moreau 版，第 139 页；《全集》，第十九卷，第 886 页。

② “第四答辩”，Moreau 版，第 169 页；《全集》，第十九卷，第 909 页。

# 第六课　灵魂与身体关系中的因果性 35

马勒伯朗士只在上帝那里发现因果性？这似乎是从其多个文本得出的结论。然而，我们无法清楚地认识上帝的意志的有效性。“你问我这种无限的有效性的清楚分明的观念，它给出并保存了所有事物的存在。你的问题并不恰当。你问我上帝的力量；如果你要我现在满足你，那就问我上帝的智慧吧。我不会给人们说对应于力量或有效一词的明确观念；因为上帝并没有给予被造物以真正的力量，而我只是为了认识上帝的作品及其行为的智慧才给出这些观念。”[①] 人应该满足于知道“上帝不可能没有效用”。

另一方面，在涉及有机的存在的创造时，马勒伯朗士表明他是反对笛卡尔的：他像笛卡尔那样认为，自然法则并不先于有机体的形成：它们只是在“恰当地安排的运动的第一印象”之后才起作用，这一运动“足以一下子形成动物和植物”，[②] 这就再次引入了目的性。

上帝只有通过情感的“直接证明”才能得到理解。（对于丧失 36
勇气的人来说）对上帝的真实知识，就是让我们转向上帝的知识，

---

① 《基督教的沉思》，第九章，§2；《全集》，第十卷，第96页。

② 《形而上学的对话》，第二章，§16；Cuvillier版，第二卷，第60页；《全集》，第十二卷，第247页。

就是神恩，也就是反-愉悦。只有感觉能向我们揭示神性生活的全部维度；上帝的深刻生活，只有通过神恩才可进入。

感觉用特例向我们间接说明：上帝在原罪之前，为了亚当的利益曾赞同心-身统一的各种律条。在伊甸园状态中，灵魂“无论如何都不会中断自己的沉思和冥想”。[①] 马勒伯朗士补充道：“当你做深度的沉思和冥想时，当真理之光深入你身并使你愉悦时，你难道没有感觉到自身中存在某种遗留的古老力量吗？”和笛卡尔相反，马勒伯朗士没有用双重部分来建构哲学。

［我们不想漏掉这一课，尽管它特别简短。请注意（见前文，第 7 页），这是口头讲话记录修改稿，而不完全是讲课稿。——让·德潘］

① 《形而上学的对话》，第四章，§ 17；Curvillier 版，第一卷，第 144 页；《全集》，第十二卷，第 102 页。

# 第七课　神学和心-身统一 37

马勒伯朗士区分了通过观念获得的知识和通过感知获得的知识：这是从我们存在这一事实得知的。神学也一样，就如对广延的知识，没有引入属于经验领域、不能从观察者活动出发得到理解的知识吗？是否存在一种非观察的知识、一种对上帝的价值的体验，而上帝由于其本性的原因总是并将永远是不透明的？

马勒伯朗士首先反对这种宗教经验。但是他遇到了不少难题，以致他随后倾向妥协：宗教经验尽管是、并且总是晦暗的，还是被视作高于绝对理性。

（A）当马勒伯朗士考察知性和意志的关系时，我们就看到他把知性置于意志之上。意志不是灵魂的本质的部分，因为“从严格意义上讲，唯有思想构成了精神的本质”。意愿只是一种模式，且是不可分的：“意愿的力量与精神是不可分的，尽管它对精神而言并非最重要的；这就像活动的能力与物质不可分离那样，尽管
它对物质而言并非最重要的。因为，就像不能设想人不能使之运 38
动的物质，也不能设想不能意愿的精神。”[①] 没有比这种与其要改

① 《真理的探求》，第一卷，第三部分，第一章，§1；《全集》，第一卷，第383页。

变的东西不可分离的变化的情态更加晦暗的了。没有意志的精神“没有任何用处，因为这样的精神……并不热爱它自己为之而成就的善”。①不存在没有思想的意志，但其关联并非是相互的，至少在原则上：“意愿不属于精神的本质，因为意愿预设了知觉。”②因此，意志是从属的。在完善的关系中，意志获得自身的动力。思想已是“对……的关系”。意志只不过是把我们带向上帝的运动的一个方面。这种法则不容例外：“人类只是因为能够有精神上的爱或恨，才能有某种可感知的爱和恨。”③“上帝造成了欲望的情感中真实的一切。”④道德于是被定义为对幸福的追求。所有的论题都包含着人——自然地向着一个目的的人——的观念。恶只是缺乏，世界以障碍之名显现在灵魂朝向上帝的运动中。信仰只不过是意指那些也根据理性被意指的情感的简捷方式。“我给人们天上的面包……为的是感性地向他们指出，我是现在供养他们灵魂的实体的面包。”⑤这个准自然主义的说法向感官揭示并不属于其范畴的真理。在《基督教的沉思》中，我们还看到：“大多数人由于并不是在专注的劳动中成就的，所以他们应该通过阅读《圣经》接受教育。”⑥耶稣的生活为我们树立了“完美无瑕的榜样”。但是圣子补
39 充道：要知道“为了你更加确定地符合这一榜样，你还应当考虑

---

① 《真理的探求》，第一卷，第三部分，第一章，§1；《全集》，第一卷，第382页。

② 同上书，第一卷，第383页。

③ 《真理的探求》，第四卷，第一章；《全集》第二卷，第127页。

④ “第一说明”，《全集》，第三卷，第34页。

⑤ 《基督教的沉思》，第十七章，§6；《全集》，第十章，第192页。

⑥ 同上书，第八章，§22，《全集》，第十卷，第159页。

其中的秩序”。[1] 诉诸《圣经》只是权宜之计。“（圣子）和疯子们一起活动，借助各种疯狂，为的是使疯子们变得有智慧。”[2] 出于同样原因，神恩是神圣的情欲，是反-愉悦的。“这是因为，情欲会使我们失控，为了战胜它，上帝必定会用另一种完全圣洁的情欲来启发我们：也就是说，为了获得完美自由的平衡状态，我们因为有将我们引向大地的重力，就必须还有把我们提升上天的反作用力。”[3] 在这个层次，自然和神恩之间不存在根本的差异。基督与其它随便什么现象一样，是一种偶因。神恩在此是对自然的单纯补救：这是同“类”下的两个“种”。

（B）对马勒伯朗士而言，很难止步于此。即使意志是朝向上帝的运动，这种意志也应该与意志这个词通常意义上所指的意志不同。无论我们愿意与否，意志都是一样的。人对上帝的自然之爱从来不增减一分，尽管现在，它每时每刻都可能被那些纠缠它的有限利益所俘获。我们的行动就是现时的爱。唯有这种爱是我们自身的构成成分。[4] 不过，就这种现时的爱来说，一些至今被回避的问题将会出现。

对上帝的自然之爱还不是我们。但就其根源而言，这种爱容许无序这样的原罪。自然之爱和现时之爱的区别何在？自然之爱追求存在，但原罪使我们趋向利益。当我们有了原罪，诸物如何能避免？我们很难遵从完善的关系。马勒伯朗士提出了四条理由，

---

① 《基督教的沉思》，第八章，§21；《全集》，第十卷，第 149 页。
② 《真理的探求》，第四卷，第五章；《全集》，第二卷，第 175 页。
③ 《形而上学的对话》，第四卷，§21；《全集》，第十二卷，第 105-106 页。
④ “第一说明”；“第八说明”，§19；《基督教的沉思》，第十六章，§13。

其中的三条都是不充分的。

40 （1）我们是需要时间的有限精神。因之，我们被要求的意志与我们要求着的意志不处在相同的层次上。[①] 但上帝要对原罪负责！（2）“我们的感觉把我们的灵魂扩散到我们的身体之中。”[②] 但上帝是感觉的创造者！（3）我们没有灵魂的观念，而只有内心情感。[③] 但恰恰应该如此。[④]（4）从原罪开始，“我们的心-身统一就变成为依附关系。”[⑤] 这样的回答清楚了一些，但第一原罪如何可能？如果为了理解人而以不可或缺的事件的名义引入原罪，那就会放弃去建构人性的哲学，存在着的人不再具有亚当的本性。人或上帝的自然之爱退至原罪之前。“上帝离开了人，不再要求成为人的善。”[⑥] 因此，我们的自然倾向凭借感觉并非更加容易认识。第一原罪是“一无所为的行动”？然而，在马勒伯朗士看来，原罪已经颠覆了我们的本性。此外，我们的“本性”是否是相异于人为的建构物的另外一种东西？

在这个阶段，马勒伯朗士低估了原罪的后果。他并没有为上帝的意志的问题带来什么变化。上帝赋予亚当控制其身体行为的完全权力。亚当没有义务保持反抗的特权，也就没有在惩罚我们的过程中改变意志。[⑦] 再者，上帝的自然之爱是在原罪之后才得到

---

① “第一说明”。

② 同上书，《全集》，第三卷，第 22 页。

③ “第十一说明”。

④ 《基督教的沉思》，第九章，§19-21；《全集》，第十卷，第 103-104 页。

⑤ 《形而上学的对话》，第六章，§16；《全集》，第十二卷，第 101 页。

⑥ 《真理的探求》，第一卷，第五章，§1；《全集》，第一卷，第 71 页。

⑦ “第八说明”，§5-7；《全集》，第四卷，第 73-74 页。

充分的实践：善与恶之间的部分，在改变了本性的人那里行使着同等的权利。[①]亚当则相反，他没有相对的自由，而只有绝对的自由。马勒伯朗士意识到所有这一切可能带来的困难，在《真理的探求》之后，他采取了新的宗教和宗教哲学的观念，并且和他最 41
初的论点背道而驰。

教会史会毫无用处？它只是形成了一种来-往？它是根据对黄金时代的重建、根据循环的生成得出结论？不，被基督-耶稣修复的宇宙比原罪之前的宇宙更好。“它比首次建构时更好。”[②]原罪因此不仅仅是平衡的时间性的断裂。世界还未曾被造：现在的世界是“被忽视”的作品。[③]“上帝要告诉我们，他的作品将属于未来世界。”[④]宗教不再是往回回溯的，而是朝向未来的。创造的概念被颠覆了：人不再充满着目的，而是变得能够具有绝对的创造性。在《基督教的沉思》中，马勒伯朗士抛弃了某些人是命定要被拯救的观念。上帝要拯救所有人。圣子没有选择哪些人将会得救，而只是在途经的路上建造精神的圣殿。“是皮埃尔还是让在我的圣殿中造成这样的效果，都无关紧要。”[⑤]圣子并没有选择这样或那样的石头：是我的意志决定了我要占据什么地方。圣子在其精神的圣殿中安置了一致的场地。“我坚持这样做，以尽我所能让尽

① “第八说明”，§17-18，《全集》，第三卷，第80页。

② 《形而上学的对话》，第九章，§5；Cuvillier版，第二卷，第12页；《全集》，第十二卷，第205页。

③ 《基督教的沉思》，第七章，§12；《全集》第十卷，第73页。

④ 同上书，第七章，§11；《全集》，同上。

⑤ 同上书，第十六章，§15；《全集》，第十卷，第158页。

可能多的人进入教堂。"[①]"尽可能多的人"，但不是所有人。如果所有人都得救，圣子说那就是"让我的圣殿为了变得广大、宏伟而变形"。[②]圣子要拯救所有人，但实际上并不能拯救所有人。这仅仅是如使用"difformer"（变形）这个词所表达的那样，出于美学、和谐的理由吗？马勒伯朗士提出另外一个更加相关的理由：如果
42 圣言让所有人都感觉到"注定会胜利"的神恩，[③]那人就不复存在。"对神恩的感觉削弱了荣耀……愉悦是对荣耀的奖赏，而不是其原则。当人为之贡献一切时，并不扼杀受害者。"[④]为了拯救所有人，就必须把他们转变成物。马勒伯朗士在此不赞成幸福的道德：一如基督徒，他应该记得："谁要拯救他的生命，谁就会失去生命。"从这个角度看，为了所有被拯救人的那里有自由和牺牲、为了圣殿是人的，地狱是必要的条件。

上帝的荣耀以三种形式表现，三种形式各自具有不同的荣耀：

（1）目的范畴内的建筑师的荣耀。不过，这种荣耀不足以成为创造的动机。[⑤]

（2）建筑师接受观看和欣赏其作品的人的第二种荣耀。[⑥]他们的致敬重建神的世界。

（3）最高荣耀：不满足于"认识"这个世界，我们通过牺牲

---

① 《基督教的沉思》，第十六章，§15；《全集》，第十卷，第158页。

② 同上。

③ 《基督教的沉思》，第十四章，§18；《全集》，第十卷，第159页。

④ 同上。

⑤ 《形而上学的对话》，第九章，§6；Cuvillier版，第二卷，第13页；《全集》，第十二卷，第205页。

⑥ 同前引，同上；Cuvillier版，同上；《全集》，第十二卷，第206页。

自己实现世界的神圣化。“（基督徒）在反对‘他们不是通过基督才要与上帝有某种关系’的说法时，真的将自己及世界的其它所有东西当作相对于上帝来说是虚无的。在这种虚无化自身的过程中，他们的信仰使信徒的人数减少，并且在上帝面前给予他们一种真正的实在。”[①] 这里再次引入了世俗和神圣的区分：为了上帝的荣耀，世界消失了。“我们的行为从它们与不变的秩序的关系中得到它们的道德……但是它们只是通过耶稣–基督获得它们超自然的尊严，也可以说，它们的无限性和尊严。”[②] 在完美的秩序中，人和无限之间没有任何关系，但基督的牺牲行为在人和上帝之间建立 43
了一种关系。他的道成肉身，他的牺牲，他的圣职“清楚地表明，在造物主与被造物之间并没有关系，他在其中置入一种如此重要的关系，以致上帝在自己的作品中心满意足，倍感荣光”。[③] 这种牺牲应该显现为人与上帝、上帝与人的相互认识。我们在否定我们自身的行为中是不可替代的。牺牲是作为目的的绝对创造性；困难于是被克服了。耶稣之爱是某人对某人的爱，超越了目的和创造的二择一。马勒伯朗士这样建构了宗教经验的理论，其中实践的爱解决了各种理论难题。

马勒伯朗士也谈到了有关宗教的“经验”：“宗教的行为或特定的教义就是我在神学方面的经验。”[④] 神话从此不再是单纯的权宜之

① 同前引，第十四章，§8；Cuvillicr 版，第二卷，第 181 页；《全集》，第十二卷，第 243 页。

② 同前引，第十四章，§7；Cuvillier 版，第二卷，第 180 页；《全集》，第十二卷，第 342 页。

③ 同上。

④ 同前引，第十四，§4；Cuvillier 版，第二卷，第 177 页；《全集》，第十二卷，第 339 页。

计。“可以说……人们如此激烈地反对我有关信仰的主要文章——主要针对我关于三位一体的秘密所说的，以致不能给出对它们的清楚的、分明的解决，但这对我们微弱的理由并没有造成什么冲击，因为这些秘密实际上是不可理解的。”[1] 人们不再诉诸信仰理智的可能性。“当我的弟子们回归自身并且带着所有必要的尊重和专注思考时，我以完全理智的方式发现，他们的精神中存在许多仅凭信仰而知晓的真理，这都是从我无懈可击的言论中获得的。但因为宗教包含着人类精神完全不可理解的秘密……认知宗教和道德的最简捷、最可靠的方式就是阅读《圣经》，聆听布道。”[2]

44 在《形而上学的对话》中，马勒伯朗士引用了圣保罗的话（《以弗所书》第 2 章第 3 节和第 12 节）：在基督之前，“我们作为无神论者生活在这个世界，没有神，没有福音”。[3] 上帝只有通过基督之爱才能被另物所把握，基督之爱摧毁我们的有限存在，让上帝来到世界。人和基督的关系是非理性的。从这个新的角度看，上帝不属于存在的范畴，而且人不能把人的本性设想为朝向上帝的自然运动。

另一方面，灵魂与身体的关系显现为范例；使心-身统一和基督-教会统一成为可能的是同样的范畴。圣子说，“我激活我的圣殿，就像灵魂激活身体”。[4] 而且在《论自然和神恩》中，马勒伯

---

① 《真理的探求》，第三卷，第一部分，第一章，§2；《全集》，第一卷，第 395 页。

② 《基督教的沉思》，第三章，§5-6；《全集》，第十卷，第 28 页。

③ 同前引，第十章，§9；Cuvillier 版，第二卷，第 18 页；《全集》，第十二卷，第 343 页。

④ 《基督教的沉思》，同前引，第十二章，§14；《全集》，第十卷，第 130 页。

朗士明确说："当我们谈论耶稣的灵魂时，我们可能会询问我们自己。……耶稣-基督只能通过不断的影响，以一种特殊的方式作用于他的肢体，同样，我们的灵魂也只能以这种方式引动我们身体的所有肌肉。"[1] 上帝在世的历史只能通过人的各种范畴才能得到思考。

严格说来，这种信仰的观念更类似于克尔凯郭尔的观念，而不是传统的观念。克尔凯郭尔认为：信仰不再是对某物或某种存在的信仰。热爱基督的人，我们可以说他是基督徒，因为他的爱总是低于他应该到达的程度。人与上帝的关系不能像与可把握的对象的关系……但马勒伯朗士面对这样一种观念的结果后退了，在这种观念那里，人放弃了从上帝的角度去看各种事物。他在两种立场中间摇摆，不过更经常站在上帝的角度，比如在思考奇迹的时候。

尽管各种奇迹来自上帝的特殊意志，它们仍是在创造中被永 45
恒地预见到的："当上帝创造一个奇迹时，我认为上帝不根据我们认识的一般规律起作用，或者上帝根据我们不知道的其它一般规律起作用，或者上帝之所为是由某些境况规定的，这是他为了永恒，在做这一简单的、永恒的、不变的行为时的境况，而且这一境况包含他的通常的神意的一般法则，以及这一法则的例外。"[2] 即使在此，马勒伯朗士仍保留了上帝的视点。

---

① 《论自然和神恩》(*Traité de la nature et de la grâce*)，"第二论"，第一部分，§17 和 §18；《全集》，第五卷，第 88-89 页。

② 《形而上学的对话》，第八章，§3；Cuvillier 版，第一卷，第 238 页；《全集》，第十二卷，第 177 页。

最后，魔鬼和无序的问题也以同样的精神得到解决。在《论自然和神恩》中，马勒伯朗士说："如果雨落在了某些地上，如果太阳因此炙烤着其它土地，如果一个孩子来到这个世界，从胸口长出一个难看的和无用的，使其不幸的脑袋，这全然不是神的意志所要的结果；这是因为上帝确立了各种运动互相沟通的规律，而这些规律必然产生这些结果：这些规律如此简单又如此丰富，它们服务于创造我们在世界上看到的一切美好的东西，甚至在很短的时间内补救最普遍的死亡和贫瘠。"[1] 魔鬼和无序的哲学始终服从于更根本的秩序。

① 《论自然和神恩》(*Traité de la nature et de la grâce*)，"第一论"，第一部分，§ 18；《全集》，第五卷，第 32 页。

# 第八课 从马勒伯朗士到比朗 46

在《人类的经验和物理因果性》中，布伦茨威格把比朗的理论与马勒伯朗士的理论相提并论，我们将从这种相提并论说起。布伦茨威格在书中肯定：笛卡尔的信徒通过把经院哲学给予感觉经验的明证性还给观念而拯救了哲学：“经院哲学所诉诸的明证性是属于可感者的范畴的；马勒伯朗士所依靠的笛卡尔的明证性是属于知性范畴的。”[①] 比朗对明证性做了自己的转移，将它重新置于“若不是朝向感觉材料，至少是朝向经验的确定性”。[②] 比朗通过把哲学家的目光引向身体，脱离了哲学传统，并且“通过做有利于他想消除其毒素的怀疑论的事”，将一种非-哲学与之对立。[③]

布伦茨威格以赞扬的口气引用了马勒伯朗士的“第十五说明”，在这一部分，马勒伯朗士对痛疼经验的意义提出怀疑，而且转而认为：“在运动的内在感觉中，准确的分析必然会区分感觉的主体性和运动的实在：运动的实在与主体性没有任何必然的关系。”[④] 对肌肉力量的意识有双重的欺骗性，因为意识既不包含灵魂 47

---

① 同前引，第三版，巴黎，1949年，第5页。

② 同上书，第17页。

③ 同上。

④ 同前引，第7页。

为了对肌肉活动产生作用而应使用的方法的知识，也不包含对肌肉真实活动的确定知识。布伦茨威格同意马勒伯朗士的意见："显而易见，即使是凭借内在感知或意识，精神也不能认识它激活的胳膊的活动。通过意识，灵魂只能认识自己的感知，因为灵魂只对自己的思想有意识。人是通过内在感知或意识认识到关于他的胳膊活动的感知；但人不是通过意识知道他胳膊的活动，以及在胳膊那里遭受的疼痛，也不是通过意识知道在对象上看到的各种颜色。"①（请注意：马勒伯朗士在此似乎收回了他就"自然判断"所说的。的确，他补充道："如果人们不愿承认这一点，那么我会说内在感知并非是完全可靠的，因为，当这些感知构成时，几乎总有错误发生。"②在布伦茨威格思想中，存在着犹豫不决）。他重视在"自我意识"和"对事物的意识"之间确立的非常清楚的区分。他同样赞扬了马勒伯朗士对知性力量的批评："马勒伯朗士用十七世纪哲学家投向无意识的无与伦比的深邃眼光，指出知性的力量、理解的意志如何只是对理智的呼唤：理智超越这些呼唤，因为观念是属于与意识的感知材料完全不同范畴的实在。"③真正的哲学应当避免心理学的规定对观念的影响，应当置身于清楚的观念之中，并且在这个层面上发现真理的自主维度。不提出观念的起源的问题。哲学在于一种转变，它在心理事件之外得出精神和观念的关系。从包含观念的形式出发，我们到达整体的观念。

---

① "第十五说明",《全集》，第三卷，§277，注；转引自布伦茨威格，同前引，第7页。

② 同上。

③ 同前引，第9页。

比朗则相反，他将明证性移于另一个地方。他以身体的经验和运动为起点。他将心理学的明证性（他将之称为形而上学的明证性）对立于数学的或理性的明证性。[①] 这种明证性不能直接交流。“我们在形而上学中使用的各种符号能够唤起和引发对这种明证性的直接感知，这是每个心灵都有的明证性，如有人所说的那样，是 compos suî（自我合成）；但这些符号总是任意的、约定的，与所指的主体没有任何关系；这些符号引起了内在的明证性，但没有创造明证性；明证性先于这些符号，没有明证性，这些符号就不存在。”[②]“和传递意义的数学符号相反，哲学家的语词不能如此这般地把‘完全内在’的明证性传递到读者的心灵中，任何外在的东西都不能表现它”[③]：严格是个体的经验。哲学家因此只能邀请我们为自己的利益制造与“自我性”的重合；他的话语是一种咒语。 48

布伦茨威格的言外之意是：这是又要放弃所有的可传达的哲学。他对比朗比对柏格森更严厉（这种不对称令人吃惊），他远离了以明确的方式（人们倾向于说：一种不太合适的方式）“排斥理智和表象的权利的理论”，[④] 他不能接受比朗的看法：“当涉及内在感觉的事实（正是这种感觉本身或反射能够设想这些事实）时，

---

① 《论心理学的基础》（*Essai sur les fondements de la psychologie*），导言，§5；Tisserand 版，第八卷，第 77 页；《著作选》（*Œuvres choisies*），Gouhier 版，第 128 页；参见布伦茨威格：同前引，第 18 页。

② 同上书，Tisserand 版，第八卷，第 78–79 页；Gouhier 版，第 129 页；参见布伦茨威格，同前引，第 19 页。

③ Tisserand 版，第八卷，第 78 页；Gouhier 版，第 129 页。

④ 同前引，第 30 页。

任何其它能力，诸如想象，甚至理性，都是糟糕而又不称职的审判官。尤其是在此唯有真实而合理的判断才是同等的。”[①] 借用莱布
49 尼茨的一个说法，比朗不止一次谴责那些“问自己知道的是什么的”哲学家。[②] 他将心-身关系的明证性与这些问题相对。在此，没有任何需要寻找的“知识”：有事实的验证足矣，“这种关联是意识或人的存在的最初材料，秘密更在于设想或相信相互分离的项的绝对实在的可能性或必要性。”[③] 布伦茨威格嘲讽地指出：“心-身统一的问题作为问题消失了，因为它预设思想的实体是独立的实在，而这种观点只不过是知性的虚构。”[④] 这等于说比朗把问题变成了对它的解决。对马勒伯朗士来说是清楚的，对比朗则是模糊的，对比朗是清楚的，对马勒伯朗士则是模糊的。对马勒伯朗士来说最重要的是，“完全的黑夜”[⑤] 把比朗的学说置于了“对清楚和分明的所有要求之外”。[⑥]

但是，是否真的像布伦茨威格认为的，一边是哲学，另一边是哲学的否定呢？问题是否如他认为的？比朗的“非-哲学”不是

---

① Tisserand 版，第八卷，第 75 页；Gouhier 版，第 127 页；参见布伦茨威格，同前引，第 20 页。

② 参见比如《论心理学的基础》，第一部分，第一编，第一章，§1；Tisserand 版，第八卷，第 128–129 页；莱布尼茨：《人类理智新论》，第二卷，第二十一章，§14：“人们完全有理由对人们在讨论不恰当地设想的问题时奇怪的不安感到吃惊。他们探求他们知道的事情，并不知道自己探求什么”；参见布伦茨威格；同前引，第 23 页，注 1。

③ 《人类学新论》（*Nouveau essais d'anthropologie*），Tisserand 版，第十四卷，第 299 页；参见布伦茨威格，同前引，第 28 页。

④ 同前引，第 29 页。

⑤ 布伦茨威格，同前引，第 28 页。

⑥ 同上书，第 29 页。

表达朝向属于哲学新大陆的生机勃勃的意识的一种努力吗？布伦茨威格应该承认，[1] 比朗对力量的经验的描述和马勒伯朗士所做的同样严谨。他知道力量的意识伴随着对其方法的完全无知，它并不先于运动的意识，而是与之同时：“任何意志的行为在内在感觉的事实中都是不可分的，而且是瞬时的。从心理关系的角度观察 50
意志行为，我区分了它在其中得到实现的两种要素或瞬间。相应于前者的是单纯的运动规定，或动力中枢向神经的扩散。只不过这一局限于神经系统的行为部分，似乎不应该带有一种特殊的内在感知；但通过假设存在这样一种感知，并且假设这种感知并不必然与伴随它或紧随它的感知、对于收缩肌的抗阻和惰性的感知相混淆，我们仍不能把个体或自我的象征符号附于这种感知，这种个体或自我只在它由于能够作为努力的主体区别于进行抗阻的东西时，才能开始自我认识或自我存在……与第二个瞬间相应的是，从肌肉收缩时刻开始，直至收缩的效果被传递或传输至神经中枢止，在运动系统中发生的东西，这时肌肉的感知在神经中枢具有双重的特性，这种特性建构与抗阻不可分离的力量的内在统觉，或者建构通过区分于抗阻的东西而自我认识的自我的内在统觉。”[2] 力量的意识出现在一种决定与关于机体的反应的信息相遇之时。

我们还不能说“运动主体或思想主体”好像是二择一的选项。比朗没有把意识带到运动机能上，但他把运动机能和意识视为相

---

[1] 同前引，第 26 页。

[2] 《论心理学的基础》，第一部分，第二编，第一章；Tisserand 版，第八卷，第 183-184 页；参见布伦茨威格，同前引，第 25-26 页。

同的东西。原始的事实就是对于两个不能还原的项之间的不可还原的关系的意识。这并不是变成运动的意识，而是反映在运动中的意识。这是既非内在的也非外在的事实：这是作为我与另外一项的关系的自我意识。因此，这不涉及用机体事实充满意识的经
51 验论哲学，而是承认某种反题是根源的哲学，是主体和主体的主动性建立在其上的东西的哲学。

“认识必然是由反题形成的；对人而言，一切都是反题；他自身就是最初的、不可消除的反题；他和宇宙一起组成一个反题。所有存在的，甚至上帝（不可能被设想为孤立的存在）的本质也许就是这样被揭示的。”① 在比朗看来，一切都建立在这种反题观点之上。从此处于哲学核心的，不再是我对我的认识，而是我和不是我的东西的关系。不过，布伦茨威格认为，反题是非理智，是非-存在。“最初的事实不可能是一个事实，因为归根结底，它是两个事实。”② 但是，如果反题显现为普遍的，显现为包括了观念的意识——运动机能显现为言说的能力，显现为语言的言外之意——的话，那可以继续将之视为非理智吗？是否应该把观念与自身的同一当作一种单纯的限制？

再者，布伦茨威格的康德主义能如此评价比朗吗？比朗将观念的清晰与事实的纯粹存在相对立吗？布伦茨威格所接受的斯宾诺莎对观念的断定不就是一个简单的事实吗？这种呈现哲学家的精神的真正观念是否是不同于事实的另外的东西？面对心-身统

---

① 《论心理学的基础》，导言，§3；Tisserand 版，第八卷，第 29 页，注 1；Gouhier 版，第 91 页。

② 布伦茨威格，同前引，第 42 页。

一问题，笛卡尔承认这种统一有其自身的明晰。马勒伯朗士拒绝这种明晰，他在上帝那里重新找到了统一的根据：他同样没有避开这个问题。但布伦茨威格做了完全不同的事情：他取消了这个问题。

任何哲学都从事实出发，但唯有从一个事实出发、能够分析其它事实的体系才显现为有价值的。比如，观念论能够解释想象吗？比朗的思想能够解释观念吗？从事物出发？任何哲学都由之出发。“明证性的传递”不像布伦茨威格认为的是后溯的，而是哲 52
学的前进。布伦茨威格不是仅重说学者已说过的话，而是向那些对他说学者已说过的话的人指出了一个术语：精神。这个术语不能被表达为诸科学对象之所是。任何哲学都必须经由比朗所说的形而上学的明证性。精神并不全部在其作品中，否则，就不再有哲学。布伦茨威格取消了这些问题：他以在笛卡尔时代之后出现的、自认为学识渊博的哲学家的名义说话。但哲学是要不断地追问，并且应该质疑理想的明证性本身。

此外，布伦茨威格的立场产生了奇特的结果。他承认确实存在着自我意识和外在感知的绝对区别。不过，这种区别完全不是自然而然的，甚至并不与康德哲学相抵触：如果我像康德那样分析（比如，在《驳斥观念论》中）活动的意识，我就应该在“自我意识”和“对事物的意识”之间建立严格的关系。

布伦茨威格在马勒伯朗士之后，援引假肢的幻觉以便让人们不再认为感觉的主体将一些假定当作了规则。[①] 不过，如马勒伯朗

---

① 同前引，第 7 页。

士说的那样，我们感觉到被截去肢体上的痛，“因为，回应这些被截去肢体上的脑神经，像这些肢体实际受伤那样被触动，灵魂在这些想象的部分感觉到真实的痛”，[①] 这不是在诉诸明证性，而是采取与笛卡尔生理学一起构成了一个体系的理论。我们今天只有用认为在截肢后我们中仍有的“身体影像”代替认为我们中有对身体的隐含的和整体的意识，才会接受这种“幻肢”的感觉理论。
53 因此，我们不能利用这种理论反对自己身体运动的知觉，至少不能以拯救哲学的名义禁止有效知识的展开。真正尊重科学，是否是只取决于科学的哲学一边呢？（同样，在心理学和哲学、心理学和科学的关系中，谈不上谁从属谁的问题。科学只是我们经验的一部分，哲学则应该能够关注所有经验。）

我们能提出的真正的问题如下：比朗是否成功地是哲学家，或者他仅仅以心理学的要求来反对哲学？他用来反对笛卡尔主义的，是一种哲学、一种存在的观念，或仅仅是一种心理学，一种存在领域的简单主题化？比朗经常给人以倾向心理主义的印象，比如，当他宣称要建立一种触摸的，而不是视觉的哲学时：这个说法不是很周全，因为问题不在于把所有存在设想为可触的，而且视觉的意识并没有被最初的事实所排除。比朗之所以经常没达至哲学，不是因为追问了观念的明证性（因为这种追问就是哲学本身），而是相反，没有追问存在本身。

现在我们考察一下《论心理学的基础》的导言，以在其中寻

---

① 《真理的探求》，第一卷，第十章，§3；《全集》，第一卷，§125；转引自布伦茨威格，同上。

找对我们提出的问题的回答（我们随后还要考察其它文本）。

首先看看事实这个概念的作用。比朗批评孔狄亚克从感觉（sensation）这个术语出发，而这个术语还没有这种特点。"孔狄亚克和博奈同样地看待感觉，我认为，他们在想把单纯的感觉置于知识之源时，感觉尚未是一个事实。"① 比朗自己则是从思想出发，在这点上他是笛卡尔派（存在着来自形容词的抽象物，也存在着"来自动词"的抽象物；前者只有约定的意义，后者则"表达了活 54
力的行动"（思想属于这种类型，与感觉是不同的）。② 但从这个事实的概念开始，他与笛卡尔分道扬镳了。

"对我们来说存在着的一切，我们能够从外部感知的、能够在我们自身中感觉的、能够在我们的观念中设想的一切，只以事实的名义给予我们。"③ 比朗补充说："只有当我们感觉到我们的个体存在，感觉到某种对象或改变，这种感觉与这种存在竞争，并且与之不同，或与之分离，对我们而言，才有事实。没有我们在心理学中称为意识（conscium sui，compos sui）的对个体存在的感觉，就不会有我们可称为认识的事实，也不会有任何类型的知识；因为，一个事实若未被认识，也就是说，没有进行认识的个体的和恒常的主体，这一事实则什么都不是。"④ 因此，只有对一个

① 同前引，导言，§ 2；Tisserand 版，第八卷，第 15 页；Gouhier 版，第 78–79 页。

② 《论思想的解体》（*Mémoire sur la decompostion de la pensée*），第一部分，导言，§ 5；Tisserand 版，第三卷，第 92 页。

③ 《论心理学的基础》，导言，§ 2；Tisserand 版，第八卷，第 14–15 页；Gouhier 版，第 77 页。

④ 同前引，Tisserand 版，第八卷，第 15 页；Gouhier 版，第 78 页。

见证而言才有事实。事实包含着指向一个它要达至的一个人。比朗正是把这个事实，而不是直接的意识，当作自己的出发点。意识是“自为的存在”（比朗独立于黑格尔的影响重新发现了这个概念）。比朗不是从一个在其对自身的意识中耗尽的存在出发，而是从正意识到自己存在、为此与事先的不透明斗争的存在、一个致力于“变成我”的存在出发。在“意识的事实”这个表达中，“事实”（单数）不是在心理学家的意义（即用来指示世界的事件）被理解的。这个概念意指意识根本的“事实性”，一种内在性和外在性的综合。

这个事实反映的是一种关系。“任何事实都必然带有两项或两种成分之间的关系，这些项或成分因此是相关联着被给予的，两者中任何一个都不能脱离关系而被设想为存在于自身的。如是，
55 我只有在与某种改变他的印象的直接关系中才能认识自己，反过来，对象或任何模态都只有根据与知觉或感觉的主体的关系才能被设想。由此产生**原初的二元性**这个极富表现力的名称。[①] 这种二元性是不可还原的：“任何想统一二者的要求都是荒谬的，并且隐含着矛盾。”[②] 比朗稍后还谈到了范畴：“人们能在思想的主体——如莱布尼茨所说——是天生的意义上说范畴是天生的吗？我们的回答是：这个主体不是天生的，但他是在一个原始事实或关系中被建构成这个样子的。”[③] 我们要明白这个“被建构”：主体不是来

---

① 同前引，导言，§2；Tisserand 版，第八卷，第 19–20 页；Gouhier 版，第 81–82 页。

② 同上书，Tisserand 版，第八卷，第 31 页；Gouhier 版，第 91 页。

③ 同上书，Tisserand 版，第八卷，第 33 页；Gouhier 版，第 93 页。

自其它事物，而是从本质上指向其它事物。

比朗由此能够创造原初二元性的新的概念，并且从之得出一种哲学。不过他并没有真的去做这件事：他更经常做的，不是超越笛卡尔和孔狄亚克的二择一，而是重新陷入将反思和经验论并置。《论心理学的基础》交替地采取这两个视点，在原初事实的观点和单纯描述意识的“如何”之间摇摆。不过，如果原初的二元性不可还原，那原初事实的理论就应被深刻地改变。“原初物”和“派生物”的区别（比朗谈及“原初事实直接的派生物”或“依存物”[①]）并没有被设定，两者同样地原初。我们不能有效地从内在经验出发得出种种范畴，以随后用之于诸物：后者并不由前者得到解释。比朗既不应采取外在模式，也不应采取内在模式。如果他充分地考虑了经验的外在和内在两个领域，那他就会理解在这里和那里提出的问题的绝对平行。此外，比朗在一个段落接受这种平行。在分析内在经验时，他区分了“观察呈现给我们的感官的 56
事实的技术，以及发现那些为了‘折磨自然’（就如培根所说）并强迫自然向我们显示其秘密而隐藏着的东西的技术。”[②] 他补充道：“如果说内在观察的技术幸运地被洛克的弟子，心理学主义者所发展，那么更困难的内在经验技术是否真正得到了实践？”[③] 因此，内在和外在一样，真正的方法是主动的追问，而不是简单的记录。比朗使内在与外在两个系统相互靠近这一事实表明，比朗并不认为自己更接近其中的哪一个。内在系统不复有优势：内在经验应

① 同前引，导言，§2；Tisserand 版，第八卷，第 33 页；Gouhier 版，第 94 页。
② 同前引，导言，§4；Tisserand 版，第八卷，第 52 页；Gouhier 版，第 108 页。
③ 同上。

该是重新把握首先是不透明的内在性的努力。这样的说法超出了经验论：先于现象学，比朗似乎转向了不关心内在与外在的区分的哲学。我们可以引用他在同样意义上引述的卢克莱修的文字："重要的知识不是我们感官的知识，也不是感觉具有的外在印象或伤口（Plagae per sensus inflexae externa quasi vi. Lucrece）。这一切都不是我，因为我整个地寓居于内在意义中或寓居于对于自由活动（它建构意义）的意识中。"[①] 我和诸感官的如此关系，使人们在此不能把感官当作我的简单形态、当作二者统一的消失：它们是外在于我的。

当比朗研究心理学（现代意义上的作为在世的主体的科学）和反思（他所认为的）之间的关系时，他也不无犹豫。是否应该把我与感性分离开？我是否是感觉的条件？或是在感觉之后？——比朗有时把我和感性分开，以至于他尽管不断地提到
57 "我思"，仍断定说，人们可以谈论"没有我的感性"：简单的情感，模糊的感知，前-意识。[②] 他指责洛克从最初的感觉起，就承认由天生的"我"建构的、没有根源的个体人格的存在。他反对康德，想要表明认识的形式和材料的区分不是"纯粹逻辑的"。[③] 相反，他有时会重新肯定其原初的二元性是不可还原的、不可改

---

① 同前引，导言，§ 6；Tisserand 版，第八卷，第 84 页；Gouhier 版，第 134 页。

② 参见《论思想的解体》，第二部分，第一编，第一章，§ 1-2；Tisserand 版，第三卷，第 141-154 页；《自然科学和心理学的关系》[*Rapport des sciences naturelles avec la psychologie*]，导言，§ 1，§ 5；Tisserand 版，第十章，第 48 页，Gouhier 版，第 160 页，等等。

③《论心理学的基础》，第一部分，第一编，第一章，§ 3；Tisserand 版，第八卷，第 141 页。

变的原则：没有“我”的感性并不多于没有感性的“我”。他以这种精神判断与原初事实相反的笛卡尔的怀疑：世界和“我”是绝对相关的两个观点。不过，他在此还有些犹豫，还在“原初事实”（笛卡尔的概念）和“各种原初事实”（孔狄亚克的概念）之间摇摆，他寻找已经模糊预感到却没有坚持的、更加辩证的第三条出路，既非笛卡尔又非经验论的出路。他想要让我们既理解经验和反思的统一（即整体），又理解经验的时间展开（即发生）。布伦茨威格引用《心理学基础》[①] 中比朗评论“1770 年的论文”（Dissertation de 1770）的部分，并写道：“我因此是其反思行动中真的 abstrahens，而不是抽象的（abstratus）。”他认为比朗能够“隐约预感到了天才的康德会带来创新和繁荣，他如何能够通过反思的分析规定思想的现代特有的方向”。[②] 但比朗有时——我们看到——走在相反的道路上，直到把反思的内在能力与声音的内在性联系起来：这样身体本身会反思……我们看到，比朗并没有真正建立他所追求的第三种立场。

现在，我们观察一下运动性和思想之间的关系。我们改变了 58
比朗思想的面貌，把其思想集中到移动其身体的主体经验之上。比朗从谢林和费希特的思想出发，[③] 并且借用了他们认为意愿是“我”的规定的观点。所以说他为了运动主体而抛弃了思想主体是不合法的。这个错误是因为比朗首先给出了其思想的外在和象征

① Plaville 版，第一卷，第 307 页；Tisserand 版，第八卷，第 272 页。

② 《人类的经验和物理因果性》，第 40 页。

③ 在《论思想的解体》中，他根据德热朗多引述他们；Tisserand 版，第三卷，第 180–181 页。

的陈述，用心理学的术语表达了他的直觉。这种直觉相反在《论心理学的基础》中以直接的方式表达出来，书中说："如果分明的知觉如我认为的并不先于意志的任何活动，那么意志也不能先于知觉的任意一个等级；人们确实可以说思想的存在只有当他开始行动或意愿时才能开始认识，按照通常的表达，人们同样也可以说不能意愿用任何方法都不能认识的东西。"[①] 换言之，意志和知觉之间相互隐含，这并不是说比朗将其中之一还原为另一个。这种相互隐含意味着什么？必须改革知觉理论。在我们的时代，形式心理学把"感知领域"和"运动领域"视作一个完整体系的组成成分。感知就是转向一个物，就是指向这个物。行动则是在运动中置入具有方向的意向。这就要求知识是"对……的行为的方式"，行动则整合到感知的"我"之中。比朗以同样的精神谈论全瘫，患病的个体不再感觉到自己存在。他想要我们理解的是，移动身体和感知身体没有什么差别。比朗并不是要废除意识，而是要重新定义它。

59　这正是书中关于自由的经验的部分所表明的："我由此总结如下：被视作对权力的行使的感知的自由，预设了这种权力的实在，就如对我的存在的内在感知向我们证明了我的存在的实在。正如笛卡尔所说：我感知到自己存在（或我思），故我真地存在，人们会以同样最高的明证性说：我感到自己是自由的，故我是自由的。如果这种对权力的感知欺骗了我，如果我还可以怀疑，在我做决定的时刻，在我努力的时刻，是否是另外一个存在，另外一种看

① 同前引，第一部分，第一编，第二章，§ 2；Tisserand 版，第八卷，第 197 页。

不见的力量是我的决定的原因，做我的努力，实现我的意愿，那么在我感觉或感知我的个体存在时，我同样能够怀疑，是否是另一个存在在我的位置上存在。”[①] 以上的论述表明，比朗只是想将他认为是“我思”的完整意义重给予“我思”。他在此说的，好像是笛卡尔无保留地承认了偶因的观念，并且肯定了在各项中的身体运动的权力，笛卡尔用这些项肯定“我”的存在。“我思”并没有被排除，而是被扩展了：如果我能够怀疑这样或那样的与外部世界相关的感觉材料，我最终应该让人明白我是如何感觉到自己是处于这个世界的。马勒伯朗士的批评并没有让我们明白我们如何能够拥有真实运动的概念：如果我没有首先对移动自己的身体有意识，我就不会对我运动的方法提任何问题。

《论心理学的基础》最终包含着引入身体的空间性概念的意图，这是要克服反思和经验论的二择一。与无限可分的外在空间——它是视觉和触觉的对象——相对的，是身体的内在广延——它是直接统觉的对象。这种广延是所有内在印象的场所。“把身体所有的可移动部分视作统一在同一机体中，并服从同一 60
意志的冲动，与这个复合体有别的，通过其惰性抗阻并服从运动的力量的现实活动的主体，具有对这个不断的抗阻，即内在广延——但其各部分还没有界限和区分——的统觉。……为了让各种印象能够处于身体的内部空间的各部分之中，各部分就必须区分开来，或可以说通过重复使用它们本己的和直接的感官让一些部分与另一些部分互为外在。但肌肉的总系统自然而然地分化成

① 同前引，第一部分，第二编，第四章；Tisserand 版，第八卷，第 257-258 页。

为多个部分的系统，这些系统为运动的意志提供同样多的各不相同的项。这些分化点越多，内在的直接统觉就越清楚，活动的恒常主体的统一性或个体性就越显明——这是通过与运动的项的繁多和多样相对立。置身于每一项之外，我学习让各项互相分开，学习认识它们的共同界限，并且再把各种印象带到其中。”[①]

相应于这种先于空间的空间性，比朗引入同时分析“内”和“外”的方法。“我们在肢体上行使的首要的权力或统治意志显然是已知的，但这仅是在权力被感觉，而不是在它被在外表象——就像奇特的机械论可能的那样——的意义上说的。由于只针对这种表象，并且把外在的运动视作是一种结果，其原因被认为是意志，因此完全可以说权力不能在结果中被认识，反之亦然，因为这两个概念是相异的，其一只是建立在内在感觉之上，另一个则是建立在外在感觉之上。……怎么能看不到这两种知识之间的对
61 立，意志要移动肢体的时刻发生的对立呢？如果运动机能的工具能够表象，而不是从内部被感觉或被感知，意志就永远不会产生吗？同样，如果我们表象视网膜神经和发光因子，我们将会看到更多的颜色；那为了看到自己的内部而构成的眼睛如何能够看到外部的事物呢？这样，为了客观地认识被其意志力隐藏的各种动力，人们必须同时是自我和他者。”[②] 对身体的知识因此既不可能纯粹是外在的，也不可能纯粹是内在的。如果我们既要寓居于我们的身体，又要认识我们的身体，那就要同时是自我和他人：这就

① 同前引，第一部分，第二编，第三章；Tisserand 版，第八卷，第 208–209 页。

② 同前引，第一部分，第二编，第四章，§ 2；Tisserand 版，第八卷，第 231 页。

是有权奠定内在和外在的原初二元性的一般意图的起点。

事实的观念、反思和心理学的关系、思想和动力性的关系、身体的空间性，我们将依循《论心理学的基础》前后的论述来探讨这四个概念。

# 62 第九课　比朗和我思的哲学

我们看到，事实是比朗的一个非常重要的概念，我们首先回到这个概念上。比朗不是按“事实”一词的通常含义（某种来自外部、我们注意到的某种东西）来理解事实的，而是将之置于一个新的领域。他将“事实”理解为某种被反思地把握的处在出生状态的东西，在这种状态反思者和被反思者正在被区分开来。这样的事实不是面对我而自在存在的某物；我们对它的意识在他看来并不是自由的和远离的。比朗把处在未被反思之物中并转向未被反思之物的反思，以及出自被动性的活动当作自己的论题。

“我思”于是应当彻底改变。笛卡尔以放弃与不同于我的所有事物的关系为代价买下了确定性。我创造的虚空度量着确定性。确实，我们可以说“我思”没有让我失去任何东西：我作为思想重新找到了怀疑所排除的东西。然而，我失去了与不是思想的东西的联系；现在存在的是思想的意向，而不是作为这个或那个的思想的内容。我曾经看见的对象引退了；留下的只是事前推定的视觉。

借助比朗的“事实”概念，我们设想一种思考着的或现实的
63 思想的“我思”，它包含着隐含的东西和不确定的东西，对它的断定概括和集中了一系列仍需到来的直觉。如果我说，比如我真

正看见了，那就会有增添的东西介入：我在说我看到蓝色或红色时所允诺的所有可能的发展，以及各种不是现实的直觉，会来扩展“我思”，将“我”和世界的不清晰、不完全透明的关系包含在“我思”之中。“我思”面对某些结果变成确定的。不是有人说：“人一思考，确定性就少了”吗？相反，确定性是先于分析和反思的：是确定性使分析和反思成为可能。必须首先有对真理的这种体验：如果我对此提出怀疑，我对真实的探求就失去意义。思考就是把握我们尚未有其前提的结果。不应该将现实的思想建立在可能的思想之上，而是应该相反。逐渐地，比如，我认为红色或三角形是确定的成为了被称作世界的确定性的一部分，借助于此我发现只要我存在，我就是与之相关的。

这样，我们想放弃建立在错误的经验之上的逻辑-批判的哲学，以利于一种依靠真理的经验、依靠现实的确定性的哲学。怀疑不应被理解为否定对于我们来说是可能的解决，而应被理解为与我们的直接确定性的决裂：它是一种惊奇，而不是不信。邪恶精灵作为错误的可能性，继续留存下来，但改变了样态：在我们专心于我们的思想还没有完全认识的某物时，我们就会有错误的观念，不是难以忍受的假设，以至于只给我们留下与我们自己的相近，而是显示我的思想在朝向对象的超越中与自身的相近。怀疑就是有距离地关涉，就是期待。

必须问一下笛卡尔所描述的确定性，如果仔细观察，是否已经包含了超越自己。如果我们探寻在关于“我思”的词语背后有什么东西，那就会发现思想和自身的同一只有在去超越中才能被 64
把握。“我”不再是一种谨慎，而是可能的成功。同样，自由的主体不是被理解为选择和多种选择的权力，而是被理解为已经做出的选择、从已完成的选择出发的活动。

这就是比朗认为思想和意愿动力是同一的观念所勾画的道路：无论我们是不是意识和自由，我们都应该变成意识和自由，揭示意识和自由，并为我们自己构造意识和自由。因此应该同意把我们设想为活的反题。我们因此能够超越精神内在性和心理主义的二择一。布伦茨威格对这个问题是这样说的：“在（比朗）呈现一种感觉事实的描述中有某种东西，这种东西明显没有一个作为事实的事实的构成性的特征：感觉应该能够超越它实际地产生时的现实，以便能够超出直接的统觉的存在，达至先于内在感觉材料且必定会在感觉之后存在的潜能。换言之，在认识到比朗的断定是有疑问的之前，我甚至没有说到真理，而只说到意指，应该承认这样一种经验：它确保拥有自我和自我的彼在，就像它能够同时在它临时显现的层面和高于恒常存在的层面，顺时流动，然而又保持了时间的完整性。这样的经验是心理学的怪物，我们明白，比朗犹豫于承认是它的作者。”[①]“心理学怪物？”可能吧，但人恰恰是一个怪物，因为他被时间化。

实际上，比朗最经常是在这些不同的二择一之间摇摆不定。比如，他隐约地感到现实先于可能，存在先于本质。他至少曾有
65 一次指责备笛卡尔考虑世界是否真实存在，而不是致力去看这个世界。比朗隐约地看到先于客观空间性的身体空间性，自我意识之内的外部呈现。他看到自我意识同时是身体意识。他正确地指

① 转引自《人类的经验和物理因果性》，第 37 页。

出，我们无论是不是意识，都应该借助于符号把对我们自己的意识转变成对我们自己的认识。但这一切不断地在妥协。在把“我”植根于靠近“我”的身体之中的同时，比朗又陷入了生理主义。[①]他对“我”采取了外部观察者的立场，并且把“我”当作可以解释的某种东西。他以外在的东西规限了原初事实，并且冒着落到哲学之外和变成心理学家的危险，又找到了局外人的视点。

比朗只有在这个新的维度内重新找到了身体性、被经历的世界和他人，而不是只论题化存在的一部分，才脱离了心理主义。在大多数时间里，比朗用范畴反对范畴，用心理学反对本体论。在谈及马勒伯朗士时，他指责他置身于本体论的观点，这意味着他只是把自己当作心理学家，并且承认没做哲学。

为了证明上述的一切，我们首先看看比朗与我思哲学家——笛卡尔，马勒伯朗士，康德——做比较的文本；然后看看他从侧面分析时-空、感觉、符号问题的文本。后者确定地设定了中心问题并且表明比朗是如何设想意识的。

比朗确实曾有把经验的形式和内容关联起来的意愿。哲学家——特别当他是康德那样的观念论者时——原则上不关注内容，而是关注形式。心理学家试图把形式还原为内容。不过，我们可以设想一种最终承认这种绝对区分并且把形式视作内容以之来显现的方式的哲学。形式于是在内容里画出痕迹。心理学和哲 66
学就这样毫无损伤地互相认同，因为哲学从此把握了我们的世界的普遍结构。不过，比朗经常忘记这些普遍结构，这是因为他对

① 《论心理学的基础》，第二和第三部分。

时间特别敏感。他正确地指出，被经历的时间是与主体——动力主体——的绝对初始性一起开始的。指出在自由的主体的经验中，一个从未来流向过去的未来维度是如何开启的，是很有意义的事情。在比朗那里完全不是这样：被经历的时间在他看来是从过去流向未来。内容只有带给时间的普遍结构某种东西时才应出现在这样的分析之中。然而，比朗总是预设传统时间性的直观，在这种直观内部，我们的初始性连续不断地确定了时间的单位。比朗主义是一种具有良好意愿的哲学。

比朗用来评论笛卡尔的《形而上学沉思集》的方法告知我们他自己的“我思”是什么。“我对我的存在的确信并不是对抽象存在的确信，而是对一个个体的确信，这个个体感觉到自己广延的、惰性的和有机的身体的改变，并根据身体而活动。对这个身体存在的确信于是成为我对我的存在的确信的重要部分。”[①] 比朗因此以连比的方式肯定了身体和思想的不容怀疑的存在，但他完全没有想到肯定动力主体而反对思想主体。他只是以能够带来思想的主体的名义引入动力主体：动力主体是思想着的“……我们在自己身上找到了被意愿运作的理智”。[②] 意志和知性是不可分的。我们于是可以承认比朗有“表明身体的存在对于思想是必不可少的”的意向。

“身体必然既帮助理智又帮助想象。的确，如果没有这些观念

① “对第一个形而上学沉思的评论”（*Commentaire sur Les Méditations Métaphysiques, I*）；Tisserand 版，第十一卷，第 82 页。

② “关于利尼亚克修道院院长的几个章节的笔记”（*Notes sur quelques passages de l'abbé de Lignac*），Tisserand 版，第十卷，第 348 页。

与之相联的符号，如果没有外在广延的观念——对我的身体的直 67
接统觉必然是它的一种类型——我就不会像设想三角形那样设想千边形。”[①] 符号在此扮演中间项的角色。“任何符号都必然是物质的，或者是从我们的某一感官获取的。为了设想，精神也必须借助符号以某种方式转向身体。的确，身体或大脑在纯粹知性中或在与外在感觉没有关系的观念的概念中的功能，与在想象中或在与某个内在感觉有关的观念的表象中的功能是不一样的，在后一种情况中，大脑更加活跃，或者要求灵魂更加有力、更加准确。但不能由此得出结论说：身体不参与知性，或不参与思想的活动；如果身体完全没有参与，那就不会有‘我’，随之也就不会有思想”（同上）。

这段文字显示了比朗的力量：他知道运动的主体有足够的思想从而完全可以是原初的。但他也指出运动的主体的缺点：诉诸符号——而且只诉诸符号——来关联思想和身体。他总是接近于本己身体的真正直观，最后说“大脑”在思想中“起作用”。在大脑的观察看来，身体并不是从内部而是从外部参与进来。应当从内部把握符号，但与“观念学家”仍然走得太近的比朗并没有这样做。

比朗在批评笛卡尔时，首先指责他做了“怀疑的虚构”：“怀疑的虚构厌恶与这个秩序中的真理相关的精神：我思，我就作为思想的东西或实体而存在；我是我的存在的主动行为或主动变化的原因；我是不受我的意志支配而开始和结束的其它样态的可能
主体；存在着和我不同的原因和实体。笛卡尔没认识到原初的、 68

① 对“第六个形而上学沉思的评论”（*Commentaire sur Les Méditations Métaphysiques, VI*）；Tisserand 版，第十一卷，第 128 页。

内在于人的精神中的法则的威权：他没有看到，只要有一刻能够怀疑必然真理，对我们的精神来说，就不再能有任何真实的和确定的东西。”[①] 文中充满着难解之处：比朗没有看见，在怀疑前面，价值颠倒了，对于怀疑来说，显象变成有价值的。比朗仅仅把怀疑视为虚构的。不过，如果消除了过度的怀疑，那就是同时消除了我们把自己感知为作为思想总是能再生的能力的唯一途径。“我思”简单地转化为心理事实。人们暗指思想的灵魂的绝对观察者，而错失了“我思”的根本结果：或者主体变成某种心理的东西，或者主体变成绝对的精神。然而，在其早期文章“在姐姐维多利亚临终床前对死亡的沉思”中，比朗说“他对感到自己存在很惊奇”，[②] 这就排除了把自己当作对纯粹事实的简单的和单纯的记录的立场。在这样的惊奇中，存在着对自我的偶然性的意识，对这种事实的追问。诸如此类，还有很多。为什么比朗不理解在笛卡尔那里还有最让他心仪的东西呢?

他还指责笛卡尔没有把思想和行为关联起来，因为“这个为了确定自己的存在并得出自己的绝对实在而反省的我，由此实施了一个行为，做了一种努力”。[③] 比朗在此声称把思想和行为整合了起来。

他还指责笛卡尔证明世界，而不是观察世界。世界的实在的

---

① “对《形而上学沉思集》的评论”（*Commentaire sur Les Méditations Métaphysiques*），Tisserand 版，第十一卷，第 81-82 页。

② *La Méditation sur la mort près du lit funèbre de sa soeur Victoire*，Tisserand 版，第一卷，第 12 页。

③《论思想的解体》，第一部分，导言，§5，第 4 段；Tisserand 版，第三卷，第 139 页。

问题是没有意义的；我们应该问它是什么，而不是问它是否存在。比朗拒绝任何种类的因果性推理，因为这种推理可能会诉诸自在的世界：感觉所见证的，是某种可被称作“世界”的东西的存在。69 笛卡尔说：“我不否认这些观念在我之中相遇。”① 比朗回答说：“您不否认是错误的，因为如果存在某种您可以说清楚地、分明地感知的东西，那是因为您称为天空、星体的观念或形象的东西，是在您之外的，或表现为与您的我相异，因此这些观念根本谈不上会在我之中相遇。在您那里存在的或属于您的，是对这些外在于您的、或和您格格不入的东西的判断或思维；您除了肯定您像清楚地、分明地感知到自己是思想的存在那样清楚地、分明地感知到这些，不能做其它的。当您这样判断在您之外存在这些观念由之产生的一些东西时，您完全没有弄错，并且无需任何其它知识来支持这第一主体的真理。但当您肯定您的观念与诸物类似，或更恰当地说被感知物自身是您通过——并不隶属对象的——感官的中介感知到的东西时，您肯定了感知之外的东西，肯定了您的判断可能是错误或可疑的。我看到蓝色扁圆形穹顶般的天空。我肯定这样可见的现象发生了，因为我清楚地、分明地感觉到了；我同样肯定我感知到的东西是外在于我的，尽管我通过赋予被感知对象一些外在于对象而不是在对象之中的样态和性质而做的判断可能会是错误的。”②

---

① “第三沉思”，AT 版，第九卷，第 28 页；Bridoux 版，第 285 页；Alquié 版，第二卷，第 431 页。

② “对第三个形而上学沉思的评论”（*Commentaire sur Les Méditations Métaphysiques, III*）；Tisserand 版，第十一卷，第 91-92 页。

# 70 第十课　比朗和我思的哲学（结束）

比朗指责笛卡尔的“怀疑的虚构”、“间接的实在论”，指责他没有将思想和行为充分地联系起来；比朗提出了广延的观念和广延本身的数的同一性，把本质和存在联系起来，并且拒绝区分本质和显象。[①] 我们所确信的思想不应被狭义地理解，而应按其隐含的一切被整体地理解。或更确切地说，存在某种比思想更加原初的东西：正在做某些行为的主体。如果“反省的我确实由之做同样的活动”，那么就会有反思。[②] 简言之，“笛卡尔可能没有把思想和行为联系起来，就如没有把存在和思想联系起来，如果他这样做了，那他的思想的取向就会完全不同。”[③]

这些观点可在比朗对马勒伯朗士的批评中看到。

围绕这个批评，比朗首先把心理学与本体论对立起来，然后反过来又试图将二者同一。他因而瞥见关于心理学的一种宽泛的新定义。在其“关于马勒伯朗士和博絮埃的某些章节的笔记”中，
71 他引述了《基督教的沉思》中的一个片断：“我清楚地看到，那些

---

① 参见“对第五个形而上学沉思的评论”（*Commentaire sur Les Méditations Métaphysiques, V*）；Tisserand 版，第十一卷，第 121 页。

② 《论思想的解体》，如上；Tisserand 版，第三卷；第 139 页。

③ 同上。

使你仍然弄错的是，为了移动胳膊，仅想移动是不够的，为此你必须要做某些努力。你设想这种你对之有内在感觉的努力，是随之的活动的真正原因：因为这一活动的强力和暴烈是和你的努力大小成比例的。但我的孩子，在你所说的努力和神经通道中的动物精气（它们服务于你想做的活动）的规定之间存在着某种关联，你看清楚了吗？"[①] 他首先回答说："马勒伯朗士在此混淆了心理学和存在论的两个视点。"[②] 因此，我们的无知是在存在论的层面上，而不是在明显与存在论分离的心理学层面上。不过随后比朗断定：我们的移动能力不仅对我是确定无疑的，而且是自在地确定无疑的，对上帝确定无疑的。"但是，从我是原因或者我被视为原因，必然会导致我真的是绝对、独立的原因吗？我的内在感觉在此什么都不能证明，因为重要的恰恰是要知道，绝对独立于我的内在感觉，独立于存在的、感知的我的是什么。但是，如果这个我被取消，不再有任何东西，不再有意志、原因，不再有和我相同的存在，不再有被设想为陌生人的存在，那知不知道它就无关紧要，为什么要追问它呢？……这是当我离开自身，或者当我想知道，是我的或真在我之中的或真是为我的东西在无我并外在于我时，是否仍然是如此，这仅仅是我想象以及我甚至能够反诘我的存在的最初条件或者否认建构我的存在的东西时的情况。因此，为了从内部确定我的努力是无效的，我完全无需认识我的意志和动物精气或神经通道的关系；我的努力对我或在我的内在感觉中

① 《基督教的沉思》（第六章，§ 14）；《全集》，第十卷，第 64 页。

② Tisserand 版，第十一卷，第 147 页。

是什么样的，在它自身中和上帝眼中也是什么样的，这就形成了
72 道德主体的责任。[①] 这样，向我们显现的东西存在着。我们设想为自在的东西，不能在心理范围之外存在，而是与存在同外延。因此应该在存在的真实领域中重建存在论，重建原初事实的存在论。比朗在此转向一种超出笛卡尔主义的“我思”的新概念。

如果想理解比朗的这一新的“我思”，那会遇到什么？

首先，会遇到“为我的身体”的新概念，特别是感觉的新概念。我的主体生活，在非反思的在先状态中，包括着规定比朗称为“动物性”的多种感觉。比朗试图描述运动和人格之前能够是各种感觉的活动的东西。他谈到“被动的直接直觉”，[②] 谈到“动力行为的弱点排除了感知特征”的状态。[③]（它因而并没有完全驱逐感知）。他的描述不无某种神话：感觉于是在他看来“是完全来自外部的”，[④] 就如与对象的关系是印象自身的一种属性。他强调在时-空中这些印象之间有一种被动的一致。此外，他并不是很确定这种前人格的统觉、这种空间、这种原初时间是什么；未感知的统觉是什么？不过，他清楚地辨别了这些直觉提出的问题：直观包括“我”吗？他在回答罗耶-科拉尔[⑤] 时说：“人们可以说，我包括在多种感觉之中，我只有在事后才能区别这些感觉……但这

---

① 同前引，Tisserand 版，第十一卷，第 148 页。

② 《论模糊知觉》（*Mémoire sur les perceptions obscures*），第一章，§3；Tisserand 版，第五卷，第 29 页。

③ 《论思想的解体》，第二部分，第一章；Tisserand 版，第四卷，第 14 页。

④ 同上。

⑤ 罗耶-科拉尔（Royer-Collard，1763–1845），法国教育家，哲学家，历史学家。——译者

是一种假设，而非内在感觉的事实。”[1]一位笛卡尔主义者会说，建构、假设都是没有我（Je）的感性的观念。相反比朗认为假设是把我（moi）这个“陌生的观察者”引入感性对于自己的意识中去。在比朗看来，像笛卡尔那样说“是灵魂而不是眼睛在看”是 73
错误的。[2]

在描述“共同直觉”所理解的原初空间的过程中，[3]比朗关注着原初时间，并对之说道：“就如被动的视觉中那样，听觉中存在着不同声音的根本不同，这些声音在时间中前后相续，或者说互不混淆地和谐接续”；[4]简言之，这是人们在对之进行思考时使之消失的整个“前-世界”，不能询问它是属于客体还是属于主体的领域。这个中性领域是“现象的实在”。[5]

比朗的这种描述吸引我们，后来又让我们失望。他仍然与经验论很接近：在他看来，“内在感觉”只局限于观看。比朗仅仅考虑人们能够对之提出的异议，以及并非对应于允诺的结果。然而我们在比朗那里看到了断续而又真实的直觉。他要寻找处于一条经验主义和理智主义之间的恰恰关乎反思的道路。他想表明，反思如何由身体的某些机能所承载——比如听力的机能——而又不是这些机能的纯粹结果。

---

① “关于罗耶-科拉尔先生的一部作品的笔记”（*Note sur un écrit de M. Royer-Collard*）· Tisserand 版，第十卷，第 300 页。

② 参见前文，第 30 页。

③ 《哲学通信》（*Correspondance philosophique*）；Tisserand 版，第七卷，第 419 页。

④ 《论心理学的基础》，第二部分，第一编，第二章，§4，Tisserand 版，第九卷，第 301 页。

⑤ “关于存在观念的笔记”（*Note sur l'idée d'existence*）；Tisserand 版；第十四卷；第 174 页。

在《论心理学的基础》的第二部分第四编的第一章（“论反思的起源”）中，比朗探讨思想与对象、与我的根本相关是从何而来的。这些普遍的特征不可能归于感觉器官。这些特征之间是如何关联的呢？这是通过反思，反思使我们把握了它们的框架。不过，意识受习惯的影响，总是忘记了自己特有的起源。为了使反思成为可能，为了使感觉发现自己的活动，就必须有身体机能的介入，我们没有感知它就不能运用它。那么，听-说这一对偶就是这种情况。在此，动力活动把握自身而不迷失于其结果中。“在此，充满
74 生机的竖琴自己在弹拨”（真正说来，这只用于发出的声音，而不用于喊叫声）。[1] 发出的声音被自己听到并自我反思；孩子模仿自己。说出的声音和重复的声音相互环接：“直接产生这些声音的活动，在另外一些声音那里反映出来。”[2] 比朗这样试图把身体描绘为一种反射的地点，这种反射穿越身体的厚度，因而不是本义上的反射，而是形成了它的开始和象征。他提及了“听”的词源学并论及了听觉：“我们可以说这是知性的感官，因为只有通过它，思想的存在在活动和移动时，听到（就听到一词的所有属性而言）他构想的所有观念，以及他确定的所有行为。”[3] 他似乎在为我们的经验寻找一种新的形态。他认为听-视器官不简单地是思维的普遍能力的特例。他想表明理解这种器官的思想，通过这种器官，实现我们精神的命运在其中具体化的形式。

这同样是这一编的第二章（“符号的建制”）的意义所在。由

① 《论心理学的基础》，Tisserand 版，第九卷，第 480 页。

② 同上书，Tisserand 版，第九卷，第 482-483 页。

③ 同上书，Tisserand 版，第九卷，第 484 页。

于这些符号，我能够理解发展中的意识：我的创造动力不再消失在创造的结果之中；我可以诉诸他人，指向外在。在此，“理智的符号是圣言，是逻各斯。”[1] 但思想使这些立场成为了可能？还是正好相反？在言语和存在于一种立场与另一种立场之间的抽象之间，存在着循环，二者都属于原初事实。对符号的最初使用预设了原初的事实。此外，我们自然地不知道符号的问题，这恰恰因为符号是有效的，并且赋有明证性。

比朗没有把思想看作符号引入心灵的结果。他指责这样一种天真的观念，这种观念想获得语言世界，而不想走出语言世界。75
他从符号出发揭示我的精神原初性，还未进行的反思的萌芽。“没有对行为或对所要求的努力的内在统觉，就不会有符号的建立；没有符号的建立，就不会有纯粹意义上的反思，也不会有与我们的行为及其结果不同的观念或概念……最终没有与其特性相分离的主体（自我）的观念，因之没有抽象的和普遍的观念。”[2] 于是我们区分三个环节：内在统觉，符号，包括概念运用的清晰反思。这三个层次是连续的，并且互相奠定。比如，“我”或“我存在”的符号：“这个符号有多少次被有意地重复，同一个我就有多少次通过内在反思的行为呈现给自己。”[3]

内在统觉使用语音器官，这些器官同时帮助知觉达至反思的层次。它使知觉服务于以命题形式表达知觉模糊感觉到的东西。

---

① 《论心理学的基础》，第二部分，第四编，§ 2；Tisserand 版，第九卷，第 490 页。

② 同上书，Tisserand 版，第九卷，第 492-493 页。

③ 同上书，Tisserand 版，第九卷，第 493 页。

从一开始就存在着自我意识，但这种意识也是对自我的无知，而且需要借助符号来赢得自己。自我意识于是被构想为一种生成，一种过程。

比朗就这样一直在两种哲学之间摇摆：其一是经验的和解释的哲学；其二是反思的哲学，二者都不能令他满意：我们在恰当的地方看到他勾画的既具体又反思的第三种哲学。这种不满足解释了《论心理学的基础》以后比朗哲学的演变。他预见了解释和反思的综合，但没有去做这个综合。他认为能够通过走向信仰的层面而超出这两者的二元对立。关于笛卡尔和马勒伯朗士的“笔记”早于 1814 年。“关于康德的笔记”（*les Notes sur Kant*）在此之后。大约在 1813–1814 年期间，他理解了必须承认普遍的和绝对的能力。由于不能表明主体如何能够既与存在的主体和存在的偶
76 然结构相联，又与普遍的存在相联，他不得不将普遍性的各种条件集中在内在感觉之外。他现在走向本体的“我”，这与他之前的哲学决裂了。他从“为我们”上升到“自在”——这也是他对笛卡尔的方法的指责；就像他的哲学至此没有否认过自在的灵魂！“我没有在形象中被对象化，也不是在本体的抽象中被设定的。我的全部真实存在都在努力的统觉之中，而我感觉到努力的主体和原因。但当我们想追溯这一被感知到的努力之源时，必须处在外在于我的视点，这样，我们其实只讨论了形象或自身感觉的抽象的力是的概念。”①

① 《论思想的解体》，第二部分，第一编，第 2 章，§ 3；Tisserand 版，第三卷，第 216 页。

其实，宣称这是一个纯粹的矛盾可能有些过分。人们如果想从外面考虑灵魂，那如何能将它与身体形象区别开来呢？再说，后一个我的观念并非没有根基。比朗在《自然科学与心理学的关系》[①]一书中发展了这个观点，我们简要地考察一下这一观点来结束我们的讨论。

首先，对本体的我的信念并不先于原初事实；这一信念因此不是独立的。如果我们不从对于我们来说的灵魂开始，那我们自在的灵魂的概念就没有任何意义。比朗指出了一种关系，他没有自我否认。

其次，对本体的我的信念就是对没有本质之物的肯定。这样，如果不存在原初的事实，我们的肯定就是空洞的。为了赋予这个绝对立场以意义，必须从我们自己的经验开始。对我的经验与对灵魂的信念的差异如下：当我们在自身中经验到我时，我们感知到我们之所为；当我们相信思想的存在时，我们感知到我们之所 77
不为。这不涉及推理，不涉及逻辑过程。“相信不是知道。我们的心灵普遍地和必然地相信的，并不是它构造的。不过，心灵不知道其所做的或能做的；心灵构造了诸如普遍的观念、分类、语言和抽象的组合，但心灵不像相信实存的事物那样相信这些，而且也不能如此相信。”[②]于是，我们知道自己的所为；我们相信自己并没有做的事物存在。为了行动，必须存在：“依据于信念，人们确定了这样一个公理：在以某种特定方式被改变之前，在以这样

---

① *Le rapport des sciences naturelles avec la psychologie*，Tisserand 版，第十卷，第 43–258 页。

② 《人类学新论》，Tisserand 版，第十四卷，第 293–294 页。

的特征、性质或属性被规定之前，必须绝对地存在，或者以实体、自在之物、本体之名存在。”[①] 因此，我们的信念依据于制约我们的最终活动的存在者。这种对本体的我的信念最终代表着我们的存在超出我们之所知，代表我们向自己显现，并且并非从虚无中被造的事实。本体的我之所以确定无疑，恰恰因为它是不可认识的。

比朗于是把绝对的客观性和绝对的主体性认作是同一的。知识的客观性正是建立在这种主体性上。本体的主体既没有被揭示，也没有被证明：主体总是在“我”的后面，就像某种包容我的东西，这就是为什么我们可以相信这个绝对的主体，它赋予原初事实以普遍价值。“反思的、个体的抽象化和我一起建构了各种模式和恒常主体之间的内在关系，这种抽象化如何从意识行为的特定的和具体的、个体的和相对的特性过渡到普遍和绝对？”[②] 他在“答斯塔普费尔”中告诉我们：我建立在本体的灵魂之上，是因果
78 性的经验，而因果性接受所有可能的对象之间的关联价值。“我直接感知到自己实存的因果力量；从向我，也向自身揭示这种力量的最初的内在经验开始，我就借助对作为原因的我的恒常潜能的实际感知预感到：一种特定的意愿只要发生，就必然、必定产生的结果和活动。”[③] 这种确信随后转移到外部：“身体运动的结果，对我来说，是与对作为原因的我的感觉或外在统觉不可分的，任

---

① 《自然科学与心理学的关系》; Tisserand 版，第十卷，第 126 页; Gouhier 版，第 188–189 页。

② “对拉罗米吉埃先生的哲学课程的考察”（*Examen des leçons de philosophe de M.Laromiguière*）; Tisserand 版，第十一卷，第 328 页。

③ 《自然科学与心理学的关系》; Tisserand 版，第十一卷，第 427 页; Gouhier 版，第 248 页。

何外在的运动，任何被动的改变都要直接归属于像我这样被构想的原因，否则就不可能开始。”[①] 进一步说，上帝和世界的关系与本体的灵魂和自我的关系几乎是相同的：“就像我们知道上帝是实体和无限原因那样，我们现在知道并相信，我们的灵魂以实体或绝对原因之名存在。”[②]

总之，比朗的功绩更多在于他的某些描述，而不在于他有自己的哲学原则。他曾试图超越心灵学，试图表明，主体的经验不是简单地运用逻各斯；但他没有成功地拯救个别，没有指明其通往普遍的途径和过程。因此，他的哲学最终用困难的术语重新提出心-身问题；他面对绝对身体重建绝对灵魂：这又回到了起点。

---

① 《自然科学与心理学的关系》; Tisserand 版，第十一卷，第 427 页; Gouhier 版，第 248 页。

② “答吉科特”; Tisserand 版，第十卷，第 262-263 页。

79 # 第十一课 《物质与记忆》：第一章分析的新意和积极作用

《物质与记忆》的出发点是什么？柏格森在第七版的前言中提道："精神生活有各种不同的声音……我们的心灵生活能够在不同的高度进行，根据我们对*生活的关注程度*，时而离行动较近，时而与之较远。这是这部著作的一个主要观点之所在，甚至是我们的研究的起点。"① 于是，行动和梦想层次的区分，关注生活的概念成为了柏格森反思的源头，他没有为此受到康德哲学的渗透。

第一章阐发了一个身体的和神经系统的生物学观念，它同时是由于其身体而处于世界的行动主体的哲学观念。柏格森试图根据身体与世界的冲突重建身体，而不是根据科学孤立的分析给予我们的，分离在感觉和动力两极的身体。我们应当从整体的视角，根据身体与周围环境的关联，以及它的"真实行动中心"② 的确定功能把握身体。

80 无生命的物质身体并不真正地行动：这样的身体具有各种外在的力量。有生命的身体则完全不一样，这样的身体是相互有别

---

① 《著作集》，百年纪念版，第 166 页。

② 《著作集》，第 182 页。

的，接受刺激，只延迟地且以不可预料的方式对刺激做回应。有生命的身体不是表达事物的属性，而是表达对待事物的方式，换言之，即事物和世界对于身体来说的所是。有生命的有机体因此是真实行动的中心，是观知事物的视角的中心。“围绕我的身体的事物反映我的身体可能施于它们的行动。”[①] 在有生命的身体周围出现了一个“视域”。[②]

感知因此不是对事物的单纯视察，而是身体所做的预期。如果我们不关注记忆有的东西（只有这些使幻觉成为可能），剩下的就是将身体置于事物之中的“纯粹的感知”。感知并不发生在我们之中，而是发生在它看起来处在的地方，在世界之中，在我们之外。科学因此没有能力建立感知的客观理论，因为它建立在这种感知之上。科学让我们诉诸于事先给定的被感知的世界。封闭于自身的科学知识的观念是神话：“把物质还原为运动的原子：这些原子即便缺少物理特性，也只能相关于一种观视，相关于一种可能的接触得到规定，观视没有光亮，接触没有物质性。把原子凝化为力量的中心，将原子融入到持续的流中变动的旋转之中：这种流，这种运动，这些中心，只相关于无力的触摸、无效的冲动、暗淡的光规定自己：这些仍然只是些形象。”[③]

在这样恢复第二性质的过程中，柏格森特别有意识地追循贝克莱。在《物质与记忆》的前言中，我们读到这样的话：“当贝克莱为反对‘机械论哲学家’而确认物质的第二性质至少和第一

① 《著作集》，第 172 页。

② 同上。

③ 同上书，第 185 页。

性质具有同等的实在性的时候，一个伟大的进步在哲学中实现
81 了。”[1] 在设定物质世界时，人们立刻给出一个不可能与之无关的形象总体。柏格森弃绝科学家的实在论，这种实在论努力要引出意识，并对之进行演绎。我们不应该“对意识进行演绎”，[2] 因为“在给出物质世界时，人们确定了形象的总体”。[3] 不存在已经为我存在的自在。在柏格森所走的道路上，任何存在都是已被感知物。但是，柏格森没有把这条路一直走到底：他要用另外一种建立在整体存在的先在上的实在论代替科学家的实在论。在这种实在论中，被感知物由于受损和分割而从存在中被推断出来。“形象的表象低于它唯一的在场。”[4] 柏格森没有看见、没有提出“我思”的问题：他提出整体的存在并且分切割了我的视角。

一个形象可以在未被感知的情况下存在。柏格森从存在推出被感知物，而不是像他曾倾向的那样，承认感知的优先地位，承认自在与自为之间的中间类型的存在。他其实并不想在存在主体的境遇中寻找主体对存在的认识起点，而是直接置身于存在之中，以随后引入感知的切割。柏格森和他批评的心理学家都没有区分意识和意识的对象。

在康德的观念论中，意识和广延互为相关物。柏格森批评了主观的观念论，但没有批评先验的观念论。

因此，柏格森才会对意识的特有存在、对意识的意向结构视

---

① 《著作集》，第 162 页。
② 同上书，第 185 页。
③ 同上。
④ 同上。

而不见。在解释何为感知的我时，他遇到了同样的困难：柏格森把我表象为感知和回忆的混合、各种不同运动的凝缩、物质的“收缩”。由此而出现了第一章中通向极限的恒常机械论——以及对“混合”的日常经验的认识。

应该表明，若没有意识，身体是不可设想的，因为存在着身 82
体的意向性；若没有身体，意识也是不可设想的，因为在场是形体的。

柏格森已预感到了被感知世界的哲学，这种哲学按他最初的意向不是实在论的，而是由于通往实在论受到损害的，实在论把被感知物视作微不足道的存在，把意识视作内在地与自在的形象世界相一致的。

“事实是：P 点、P 点发出的光线、视网膜及相关的神经元素形成了一个紧密关联的整体，发光点 P 是这个整体的一部分，而且正是在 P 点而不是在其它地方，P 的形象形成并被感知。”[①] 然而，在此有新的东西：不是联接意识和对象的事实——康德已经把二者联接起来——而是它们相联的方式。在康德那里，二者的关系是设置能力和被设置对象之间的关系：各种对象的存在首先是理想化的存在。上面所引用的句子对康德来说是自然而然的，因为 P 点对他来说只是理想的对象。不过，柏格森的新东西不止于此。柏格森不知道反思哲学；多亏这一天真，他发现了反思分析仍然不能达至的东西：事物和对事物的意识的关联，不是相互的关联，而是绝对同时的关联，没有什么是在先的。不过康德把在先性赋

① 《著作集》，第 192 页。

予关联者的意识。

在柏格森看来，感知不能去建构：在其视角中，不能把我们置于建构的主体的活力之中。感知感觉不到反思分析的努力（尽管有斯宾诺莎，我们仍感知到两百步之外的阳光）。意识和意识所感知的东西之间的关联，不是制造者和被造物之间的关联：感知先于关联。对某物的意识并不是可与判断相提并论的意向性：它
83 并不对自己显现为对自己的记录。如果人们把柏格森的论点坚持到底，那身体就会是有特权的，因为它让我指向先在之物。我不是一个活跃的、无惰性的主体，而是自由运用视角的主体；我从此处而非从别处感知。因此感知的目标并不是内在的目标。存在着积极意义上的超越：有距离的在场。意识于是显现为处于某个地方的，它的有限是设置存在的途径。

但这种对实在论和观念论的同时超越，一旦被发现，就会失败。因为把世界看作一场戏剧，柏格森陷入实在论，并通过回避来实现主体。主体由之死亡；被感知物从此只是微不足道的存在。主体不再被思考：这将是不可感知的距离。

实际上，柏格森随后尝试引入主体：他承认，我们的感知从来都不是“纯粹”的。但是他要用实在论的术语，把主体当作非-存在引入进来；他在从存在出发设定虚无的时刻起，就从世界出发设定了主体。

柏格森对纯粹记忆的描述因此会是对“第二世界”（一如他的无意识的静止观念所证明的）的描述。主体与对象完全不同，同时又与对象完全同质：单纯的实体差异，而不是存在形态的差异。两个世界的相遇是在具体的感知中实现的，当柏格森要将二者关

联起来时，在回忆和感知之间会存在实在的竞争。在《物质与记忆》的第二和第三章中，我们会看到在两个论点之间的摇摆：时而感知完全是记忆，被感知物只不过是最后的回忆；时而相反：记忆完全没有外在于现在，纯粹的回忆只不过是“喝活人血”的贪婪鬼魂。如此这般的过去离我们而去。这种竞争的另外形式是：时而原初的东西似乎来自回忆，身体只是为阻止它的实现才介入
进来：回忆于是有能力通过自身重新变成现在，而过去的维度会 84
失去它的理想性；时而相反，不存在对于过去的特有的意识，唯有对进行着的行动的需要才能解释对回忆的诉诸。这两种描述此长彼消。

在感知和记忆的交点上，身体理论要揭示我们论及的冲突：时而身体是各种自在的运动以物理世界的元素的方式通过的地点；时而只不过是与记忆的形象一致的表象。柏格森在“形象”这个词的两种意义——观念的和实在的——之间摇摆。

这样，在第二和第三章中，没有意识、自由的位置。在哪里能找到“我”？它既不在锥体（这个锥体与一个自在相应、属于物理世界）的顶尖上，也不在锥体的底座（纯粹的回忆）上：精神生活采取在自在的两个层次之间往-返的形态。柏格森没有把他描述的两个领域关联起来：他试图通过将两个对象成分——纯粹感知和纯粹回忆——集合起来而对这两个成分进行综合，但没有成功。

这就是说，我们在这些篇章中看到了有价值的直觉：我们应该在直觉中感知“谜一样的、镜子之中”的真理。柏格森通过将对主体的反思转化为客观的命题，发现了某种有时是真实的东西。

我们应该使这些直觉摆脱它们嵌在其中的哲学框架。

第一就是对广延的分析。柏格森通过客观化广延，描述了我们与空间的关系的层面。由于这一分析，在第四章中，世界摆脱了它的自在处境。感知——即便是外在的——在其中显现为绵延（这与我们在第一章中读到的不一样）：柏格森试图建立一种关于世界的理论。

第二是关于纯粹感知的理论：存在总是被感知的，这可以回应实在论的诘难。

第三是关于他承认有混合实在那部分中的纯粹记忆的理论。
85 在纯粹感知的理论中，存在只是被感知的存在；在纯粹的记忆中，过去被现在所设定。这是辩证的观点，因为这是与打开未来和关闭过去的运动相同的运动。我们超越了主体和对象的简单混合，为的是建立时间的真正辩证法。

在第二章中，柏格森从先前所说得出结论，并且努力看经验是否证明了这些结论。身体只是简单的导体，它确保了记忆相关于大脑器官的原初性。这种努力既是成功的（因为它可以解释失语症不协调的状态），也是无用的（因为只要一分钟的哲学反思就能够给出同样多的解释：记忆是对过去的意识，没有任何现在的痕迹能够对之做出解释）。柏格森付出的辛劳似乎白费力气，因为是他的实在论假设导致他把记忆设定为第二存在。

不过，这第二章包括一些有意思的观点。即使人们反思地表明，过去的非实在性使过去的基础不能是一个现在的存在物，仍然有这样一个问题：为什么我们没有这个过去的完整的意识？即使人们承认意识自然而然地是离心的，仍需解释认识和遗忘。在柏格森看来，身体是当前的：因此成为时间辩证法的一个环节，任何过去的意识都与身体有某种联系。从康德的视角看，记忆不提出任何问题，因为过去是我们建构的。但是，如果意识是非时间性的，那过去就失去了它过去的特性：只存在相关于现在的过去，过去是在现在的背景上突显出来的。因此，应该通过表明现在的意识如何包含着对过去的参照去解决过去的问题。这是柏格森试图在时间的建构中赋予身体某种功能时，在某些时刻要做的事情：因此存在着“身体的记忆”，[①] 存在着通过身体对时间的理解。

① 《著作集》，第 293 页。

86

# 第十二课 《物质与记忆》第二章

在这一章，柏格森试图借助大脑生理学证明前一章的主要思想。

关于记忆和大脑的关系，柏格森的结论是，身体不能产生过去的表象，因而只是一个形象：身体只是一个导体。如果柏格森坚持这一点，就会走到认为无效的身体不能调控我们进入过去的能力：如果身体只是诸形象中的一种，那它如何有能力改变所有的形象？身体若如此，那“形象”（image）这个词的意义就应该改变。至此是成分的身体，变成为一个中心。

必须确定身体的这一“中心功能”，必须表明，世界是为身体的。但柏格森把主体性变成表象的一种简单功能：他保留了“第三人称”的和主体的运动的两分对立。这样，当他想把身体和心灵连接起来、使身体成为朝向意识的过渡的时候，他应该是把模糊和人造的东西构组为一个系列了。

大脑的动力功能蕴含在意识中。“过去延续着……”不过，存
87 在着模糊之处：过去在动力机械论中（过去是为了我——观察者——而存续）和在意识中（过去再次为己而存续）的存续不具有相同的意义。“存续”这个词的使用因此是语言的方法：人们也可以说过去存续于事物之中。这不足以赋予身体一种记忆。此外，

只是对独立于身体的“纯粹”记忆而言，才可能有真正的知识。因为动力知识只是上演过去，而不是表象过去。在柏格森看来，不存在对身体的真实记忆：对身体的记忆要求纯粹记忆的中介。因此就出现了对第二种方法的诉诸：身体给予“纯粹记忆”以自我实现的途径。柏格森时而把一切都给予心灵，时而又把一切都给予身体。他应该表明，身体被时间的辩证法以瞬间之名所要求，反过来说，意识隐含着身体。但柏格森想表明，在记忆中，有某种逃离身体的东西。他的方法意在借助生理学确定不可解释的剩余，以便更好地保存精神实体的存在。于是，纯粹记忆和身体都不真正是为己的。身体不能成为主体——尽管柏格森倾向于把身体归于主体——因为如果身体是主体，主体就是身体，这是柏格森无论如何不愿接受的。

我们看一下两种记忆的理论的例证。习惯-记忆时而是有意识的，时而又是没有意识的：它只是身体重演的过去的标记。为什么仍将之称为“记忆”？只有当所有记忆都必定是习惯的、有意识的，纯粹的回忆包含着普遍性的要素时，柏格森才有这样称呼的权利。实际上，已过去的片断的意义使片断脱离了时间的盲目。为过去定时并非通过直接的意向性到达过去的时间的地点，而是通过现在的厚度到达过去。我们与过去的关系因此是存在的关系，超越了纯粹的认识。反过来说，我们与现在的关系超越了单纯的实践融合，而已经成为了认识的关系。

柏格森把梦和行为置于可做批判的考察的对立之中。他所理 88
解的梦仍然围绕着世界转动，而行为只被构想为对非常近的物理刺激的回应。沿循斯宾塞的偏见，人被构设为行为的动物性能力，在其上拟人地加有一种“远距的能力”。一切非动物行为于是和梦毫不相干。不过这一描述是错误的：在人那里，一切都是行为，但人那里的一切，都是超-动物的组织。

“关于已知的事物……两种记忆……互相支撑”（第231页）。这是什么意思呢？人们看不到这两种记忆可以给予对方什么。确实，实际的知识，不是纯粹的认知，也不是纯粹的运动习惯：存在着相互的帮助，就如主体在注视人们要他记住的字母时，人们又要他说话，这时主体所感知到的为难的对立所表明的（第232页）。这种不适推翻了柏格森的两分对立。或者是作为多余物的身体，或者是纯粹的回忆。如果身体不是主体，世界的一切运动都不会让过去的意识存在。

在第244页，谈到了“关注的认识”，我们避免了行为和梦的二择一。在这种类型的认识中，“运动与其实践的目的决裂，而且……动力活动不是通过有用的反应继续感知，而是为了确定反应的突出特征逆向而行。”这不再是面对自然被要求对死亡的痛苦做出反应的人，而是利用其身体去探索一种境遇的人。

通过对失语症的考察，柏格森试图得出这样的结论：回忆并没有被机能障碍摧毁。但真正的问题是：记忆一旦脱离了它在其中活动的身体，能够变成什么？

另一个关于模糊性的例子：柏格森想让纯粹回忆进入感知提
89 供的框架之中。第248页：“所有能解释我们现实感知的形象-回忆都如此悄然地进入这个框架之中，以致我们不再能够区分什么是感知，什么是回忆。”我们在一个印行的文本所读到的是，回忆也是现在。第249页：“通常的阅读是真正的占卜工作，我们的心灵从这儿和那儿收集到某些特征，并且用回忆-形象充实全部间隔，这些回忆-形象投射到纸上，替代了真实的印刷字母，并且提供对它们的幻觉。”不过，柏格森这样区分“回忆的投射”和“感知”是错误的：这样的区分是不合法的，因为它是从对视网膜印象的观察那里得出的，而视网膜只不过是大脑领域的一部分：它的方法建基在“恒定的假设”上，其形式理论表明了这一建基是错误的。

柏格森从某种作为反题的实在论出发为唯灵论正名，这种实在论引入了作为多余物的心灵。在对失语症和重听症的研究中，他指出大脑并不包含回忆，但他并没有说，回忆没有身体能具有某种意义。他实际上证明的是：这并不是他曾宣告的东西。感觉-运动的过程揭示了身体智慧的存在。听到自己不懂的外语与听到自己懂得的语言的例证（第 254–255 页）：我们把通过我们自己的运动途径获得的印象和“被听到的语言的动力模式”（第 255 页）分割开来。不过，柏格森忘记了他对记忆的“投射”的批评对他自己同样有效：感知不能比回忆更多地与运动（第三人称）结合。“身体的逻辑”不能是以“第三人称”进行的过程：它证明人的动力性并不是自在的。

柏格森以同样的精神分析了回忆的投射的离心现象。他看到了失去回忆不是失去事物，而是失去说话能力、失去立场（并不 90
是一个孤立的词语）。这是真的，但这反过来说明：若没有身体，就不会有我们的语词回忆。因此，身体作为动力的支撑和记忆关联着。在被这种动力把握之前，回忆什么都不是。

柏格森在第 274 页中写道：“中介的回忆会填充我们称作纯粹

回忆的意向和真正的听觉的形象-回忆之间的空隙。”纯粹的回忆因此只是一种意向，一种有限的情境。身体时而是回忆的实现的障碍，时而相反，为其提供实现的途径。这种空洞的意向如何能够自在地存在呢？

我们知道，在第三章的开头，不确定就以各种说法被引入了。“我们已经区分了三个项：纯粹回忆、回忆-形象、感知，事实上，三者的任何一个都不是孤立地产生的”（第276页）。这个“事实上”是偶发的不幸，抑或相反是一种常态？

从此，当柏格森想要谈论回忆时，他会忘记他曾经写过的有关身体的很好的文字，而当他想要谈论身体时，他会看不到时间意识。他的这些不同的描述缺少整体性。身体对他来说是使过去实现的途径，但他更多地是把身体设想为现在的存在者，而不是时间性的实在。柏格森没有指出我们如何能够为了建构时间意识而避开现在。在柏格森那里，从现在到过去没有什么过渡：人们操心的，或者是一种遥远的、幽灵般的过去，或者是没有时间域的现在。柏格森在此不同于胡塞尔，后者认为现在是过渡的意识。柏格森时而让我们关联于现在，过去只不过是纯粹的潜在；时而又让我们脱离现在，这是为了让我们完全与世界割裂，两种方法都不能令人满意。在让我们关联于现在和脱离现在的时候，柏格森都弄错了。

# 第十三课　解读文本：无意识



## 文　本

（《物质与记忆》，第三章；《著作集》，第282-284页）

我所说我的现在，是我对最近未来的态度，是我马上要做出的行为。因此，我的现在就是“感觉-运动”。我的过去自己变成了形象，因而变成了感觉，至少变成了新生的感觉，过去可以与行为合作、嵌入这种态度之中，总之使自己有用；但是，一旦变成形象，过去就脱离了纯粹回忆的状态，并且与我的现在的某一部分混合起来。于是，现实化为形象的回忆与纯粹的回忆有着本质的差别。形象是一种现在的状态，只是通过它离开了的回忆才与过去有牵涉。回忆则相反，由于仍是无用的，因而是无力的，尽管与感觉相混，但仍是纯粹的，和现在没有关系，所以是非广延的。

纯粹回忆的这种彻底无力，恰恰可帮助我们理解它如何保留在潜伏状态。我们尚未到达问题的核心，因此仅限于表明：我们不愿意设想无意识的心理状态，尤其是因为我们把意识看作是心理状态的根本特性，因此一种心理状态似乎不停止存在就不能停

92 止是有意识的。但是，如果意识只是*现在的*，也就是现时经历的，最终是行为的标志，那么不行为的东西若不必然以某种方式存在，就可能不再属于意识。换言之，在心理学领域，意识可能不是存在的同义词，而仅仅是真实行为或直接效果的同义词，这个词的范围就这样被限制了，人们表象一个无意识的心理状态，即总的来说无力的状态可能不会有太大的困难。不管人们把自在的意识变成什么观念，如果它活动时没有障碍就会如此这般地显现，人们就不会反对说：在完成身体功能的存在那里，意识的作用尤其是支配行动和指明选择。意识于是把它的光投射到决定的直接前行者上，投射到过去的回忆的前行者上，这些回忆能够与这些前行者有益地组为一体；余下的就留在阴影之中。但是，我们在此又遇到了以新形式反复出现的错觉——我们从这项研究一开始就注意到这种错觉。人们希望意识——即使是与身体功能结合的意识——是从根本上转向思辨、偶然施行的实践能力。因此，就像没看到意识忘记它拥有的知识、专心追寻纯粹的知识有什么价值一样，人们不能理解意识放弃阐明那些对于它来说并没有完全消失的东西。由此产生的结果是：只有原则上属于意识的才是它实际拥有的，在意识领域，所有真实的都是现实的。但要恢复意识的真实的角色：没有理由说：过去一旦被知觉，就消失了，也没有理由假定：当我停止感知物质对象时，它们就不复存在。

让我们再说说上述最后一点，因为这是难点的核心，是围绕无意识问题的模糊之源。无意识表象的概念是清楚的，尽管广泛流传着一种偏见；甚至可以说，我们总是在使用这个概念，从通常的意义上讲，没有比它更为我们熟悉的概念了。实际上，所有人都承认，现实呈现给我们知觉的形象并不是物质的全部。但另一方面，如果不是无意识的精神状态，什么能是未被知觉的物质对象、什么能是未被想象的形象呢？现在您感知到在您的房间的墙壁之外，还有邻近的房间，还有房屋的其它部分，最后还有你 93
所在的街道和城市。您支持什么物质理论没有什么关系：无论是实在论的还是观念论的。当您谈论城市、街道以及房屋的其它房间时，显而易见您想到的是不在您的意识中，而是在意识之外的感知。这些感知并不是随着您的意识接受它们而被创造出来的，它们已经以某种方式存在着，因为，假定您的意识没有领会这些感知，那么这些感知若不是在无意识状态，它们如何能够自在地存在呢？我们谈论主体、涉及模糊的对象时，**在意识之外的存在**向我们显现为清晰的存在从何而来呢？我们的感知——无论是现实的还是潜在的——沿着两条线扩展，一条是横向的AB线，包括所有同时在空间之中的对象；另一条是竖向的CI线，上面分布的是我们的展开在时间中的相继的回忆。I点是两条线的交叉之处，是唯一现实地呈现给我们的意识的点。尽管AB线仍然

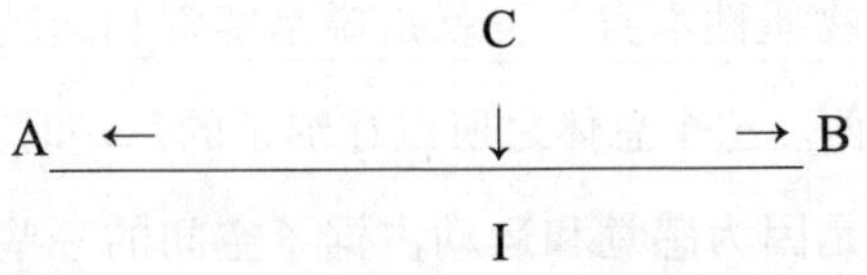


未被察觉，我们仍毫不犹豫地认定这整条线的实在，相反，在CI线这里被现实感知的I的存在在我们看来是唯一真实的存在，为什么这样说呢？这两个时-空系列的根本区别，实际上有着很多混乱的、不恰当地形成的观念，有着很多没有任何思辨价值的假设，我们不能马上就对之做出详尽的分析。为了全面揭穿这个错觉，

应该从根源上探索并且通过所有的迂回追寻我们由之能够确定对
94 象的实在，而不涉及意识，能够确定意识状态，而不涉及对象的实在的双重运动，这样一来，空间显得是无限地保留那些在其中并列的事物，时间则逐渐摧毁在它之中的那些相互接续的状态。我们在第一章分析一般的对象性时，这项工作的一部分已经完成；另一部分，则将在本书后面讨论物质概念的篇幅中完成。现在我们只限于指出几个基本之点。

## 解　读

我们只有置身于过去之中才能理解过去。另一方面，过去是潜在的：为了说明过去的维度，柏格森使过去充满幽灵；这是过去存在的唯一条件。纯粹回忆因此将是一个幽灵，一种暗示的、念咒的力量，一种重新建构完整形象的向导。

现在占据一个地方：说“运动中心”的人是在说对空间中的一个点的占据；现在以这个名义成为独一无二的。“我们的现在是我们的存在的物质性本身，也就是说是感觉和运动的总体，而不是其它任何东西。这个总体之所以在绵延的每一时刻都是确定的、唯一的，恰恰是因为感觉和运动占据了空间的一些地方，而空间在同一地点不可能同时有多个事物。”[①] 当我重见过去时，我没有置身空间之外，因为现在参与到一个地点之中。知识的“理想性”在于并不限于指向空间。漂浮的、非广延的回忆是我们在我们之

① 《著作集》，第281页。

中，在现在的意识后面看到的存在的洞空。

意识是在场的，无意识是不在场的。柏格森没有提到这个论题引发的真正困难（他把这些困难归于意识的一个图像的和思辨的概念）。[①] 不过，这些困难实际上是因为人们不能把和一个对象的关系与对这种关系的把握区分开来：若没有看的意识，就不会有视觉。柏格森没有正视这个困难。但是，一旦承认对一个对象 95
的所有指称都包含着自我意识，柏格森的理论还有意义吗？我承认他的理论有意义，因为这种描述显明了过去的超越性。意识应该如同拥有“为我”那样拥有它的对象。但这样的对象不属于过去：意识和时间的整体是同外延的。因此，意识为了是时间的意识，必须是时间性的存在，必须是异于在时间中简单存在的东西。的确，柏格森没有描述任何与时间化相同的东西。“潜在”的过去除了向我们显示为一个过去的现在，没有显示为其它。与此相关，当现在的时刻在流逝时，对于现在时刻的任何意识都已包含了这个时刻的时间标记（就如“现在的回忆”的理论所证明的）。此处像任何地方一样显现出了“描述的缺失”：柏格森把过去的超越性表现为简单的外在性；不过，至少他提出超越性的问题是有价值的。

对于未被感知的对象，柏格森完全没有考虑康德的观点，康德的观点认为这些对象拥有我总能够回到其中的理想存在，就像我能够回到一个永恒为真的定理一样。不过，一旦如此说，这种分析就会由于低估其对象而犯错：未被感知的对象的存在模式并

---

① 《著作集》，第 284 页。

非理想性的：理想性赋予不在场的对象或是可能的存在，或是必然的存在；不过不在场的对象是真实的。假设有一片沙漠：当我肯定它是存在的时，我并不是仅仅说它是可理解的，我给予它了一种与我所见的东西的存在模式类似的存在模式。被看见之物和没被看见之物的综合是过渡的综合：我因为嵌入空间，感到能够把我的身体这个探索工具运送到空间去；不在场因此是存在于世界的视域的，而完全拥有这个世界原则上是不可能的，因为，在这种情况下，世界被抹消了。柏格森预感到了这一切，但他的错误是以不在场的对象是“一种无意识的精神状态”[①]的说法来表达
96 这种视域的关系，他没有看到，意识恰恰就是这种超越。**柏格森从来没有看到我们的有限性的正面价值**。不过他有理由说，不在场的对象不仅仅如文化对象那样是理想的存在。他还有理由说，同时性造成了问题，并且与主体性不可分。处境中的意识如何能够看到对象的显现？那些和我的场域共存的东西让我脱离我的视角，是因为我与之相联。我的桌子妨碍我看到埃菲尔铁塔，但这是因为我看到我的桌子而没有看到埃菲尔铁塔。我的身体通过普遍的参照与世界相联，这种参照从世界出发给予我的，是我自己的或不是我自己的视角：这就是柏格森谈论无意识时所要表达的意思。

在文本最后，柏格森指出，他只描述了有限的情况。但人们不能通过集合两个实在而重构一种复杂的现象。不过，我们在后面的几页会看到一些有价值的观点：

---

① 《著作集》，第284页。

第 286 页："因此，作为广延，我们实际的感知的本质从来不是相关于更广的，甚至是无限的经验（这种经验包含着我们的感知）的内容：我们的意识中没有这种经验，因为它超出了感知的范围，但并不因此显得不是实际的。"因此，这不再是一种无意识的精神状态，而是一种视域：在此，我们超越了单纯的外在系。

同页："同样的直觉，我们借助于它在自己前面打开了无限的空间，这种直觉让我们关闭身后流逝的时间。"这涉及的是独一无二的运动：柏格森在此发现了时间的辩证法，并且不再把时间当作自在对待。

第 286-287 页："实际上，记忆附着在我们现在的状态上的情况完全与未被感知觉的对象附着在我们所感知到的对象的情况相似：在这两种情况下，无意识都扮演着同样的角色。"柏格森借助"附着"一词，似乎意指一种转换的综合。

# 97 第十四课　解读文本：定义存在

## 文　本

（《物质与记忆》，第三章；《著作集》，第 288-289 页）

我们在此触及了存在（existence）这个根本的难题，对于这个难题，我们只能一带而过，否则它会逐步从一个个问题把我们引至形而上学的核心。我们只简单地说，在涉及经验的事物——我们在此只关注这些事物——的范围里，存在似乎隐含着两个结合在一起的条件：（1）在意识中呈现，（2）与之前、之后一起这样呈现的东西的逻辑的和因果的关联。在我们看来，心理状态的实在或物质对象的实在，在于这样一个双重事实：我们的意识感知到它们，而它们属于一个时间的或空间的系列，这个系列中的各个项都相互规定。这两个条件都允许等级差别，而且人们设想这两个条件——尽管都是必要的——并不是等同地被满足的。因此，在实际的内在状态中，关联不那么紧密，而过去对现在的规定，为偶然留下了很大的地盘，这种规定没有数学推导的特点——相反，在意识中呈现是完整的，实际的心理状态在我们由之感知到它的行动中给出其全部内涵。相反，如果涉及外部对象，关联则

呈现完整状态，因为这些对象服从必然的规律；另一个条件，在 98
意识中呈现从来都是部分满足的，因为正由于其各种未被感知的成分而与所有其它对象相连的物质对象，似乎封闭在自身中，且在它后面隐藏了比它让我们看到的多得多的东西。因此，我们应该说，存在——从其经验意义上讲——总是同时隐含着（在不同层次上）有意识的理解和有规律的关联。但我们的知性的功能是确立明确的区分，它并不如此理解事物。知性不是承认在所有情况下都按比例混合在一起的两种成分的存在，而是更愿意把二者分离开来，分别赋予外部对象和内在状态以两种截然不同的存在模式，每一种模式的特征都是由所谓占有优势的、独一无二的条件决定的。心理状态的存在于是完全取决于意识对它们的理解，外部现象的存在则完全取决于伴随和接续的严格次序。这样，存在着的，但未被感知的物质对象完全不能分有意识，内在的，但不是意识的状态完全不能分有存在。在本书的开头，我们已经指出第一种错觉造成的后果：这种错觉导致曲解我们的物质表象；第二种错觉是前者的补充，它通过为无意识观念蒙上人为的昏暗，败坏了我们的精神观念。我们过去的全部心理生活支配着我们当前的状态，但没有以必然方式规定这种状态；心理生活在我们的性格中全部被揭示出来，尽管没有任何一个过去状态会在性格中被清晰地表现出来。这两个条件加在一起，保证每一个过去状态都是真实的，尽管是无意识的。

# 解 读

在本章开头，柏格森转向由其潜在规定的纯粹回忆。他应表
99 明，意识像世界一样是充满的：过去在我们的后面，一如世界在我们的周围。因此存在在两个领域中具有相同的意义。

在一开始（从“我们在此触及了存在这个根本的难题”到“它们属于一个时间的或空间的系列，这个系列中的各个项都相互规定”），他首先对讨论做了限制（对这个难题只能“一带而过”；他将经验之外的东西，如上帝或绝对排除出讨论）。随后他对存在进行经验的和临时的分析：存在获得了两个特征的结合：在意识中呈现以及与其它事实的关联。这个分析引出了几个问题：（1）关于第一个：什么是准确意义上的“呈现”？是力的冲击让人接受的被动经历？是内容的自明性让人接受的知性的把握？（2）关于第二个：这种“关联”的性质是什么？它会扩展我们的确信范围吗？它自身是“存在”这个词的意义上的建构性的？（3）在二者之间存在什么关系？我们能够从其中每一个那里或得到经验的意义，或得到知性的意义。在经验论者看来，第二个被引向第一个，关联要求在意识中呈现。在理智主义者看来，第一个被引向第二个，呈现来自关联，来自精神运作形成的关系。人们给予其一的东西，会从另一个那里获得。二者只有在互相联系、趋向统一的过程中才能同时被建构。

不过，柏格森拒绝将二者归于统一。他的目的是要超越二择一，这也是他在所引文本的第二部分尝试做的（从“这两个条

件……”到“……有意识的理解和有规律的关联”）。第二部分陈述了三个观点：

（1）这两个标准是独立的（两个条件都是“必要”的）。（2）让我们再进一步。当经验满足其中之一时，就不能满足另一个。从心理上讲，关联是松散的，这可以解释柏格森的心理不确定论。100
我的内在状态之间的联系总是反观的：我的性格从来不是一个对象。（3）反过来说——且出于同样的理由——我现在的心理状态总是全部呈现出来；每一个“真实的心理状态”都向意识呈现其全部内容。在现在的每一瞬间，呈现都是完整的，否则我们就不会有现在的概念。在物理世界中，关联是完整的；但由于可能会走向无限，必须放弃完整的呈现。诸标准都是矛盾的：出于同样原因，内在经验从来没有关联着，外在经验则总是关联着，内在经验总是有完整的呈现，外在经验则从来没有这样的呈现。这些标准相互关联（存在总是“同时”隐含着它们），相互对立。为什么会这样？

文本的第三部分（从“我们的知性……”到“尽管是无意识的”）给出了解决办法：知性用这两类标准把实际上是掺混在一起的东西凝聚在一起。如果我们在分析知性那里重获与我、与世界的接触，那我们就会发现：一方面物质是视角的，是形象的集合（参见第一章）；另一方面，心理有一种厚度：性格的意识掌握着流动的绵延的多样性。从直觉的角度看，两个条件“结合”在一起，不再是二择一的。

实际上，是我们在谈论矛盾、结合：我们把自在和自为对立起来。柏格森则谈论两种掺混的成分；谈论对作为性质的物理世界和意识的分有。柏格森从来没有谈论他的意识；他没有发现相互外在的存在和被认知的存在的根本差别。他以不够激进的方式提出了问题且只给出了不充分的解决方案。柏格森总是将我们引
101 向他并未实施的直觉。他不应把意识的萌芽置于世界之中，把物质性的印记留在意识之中，而是应将意识理解为历史和充足；他应在外部感知中指明，关联的要求和呈现的要求是联系在一起的，应通过感知的界域让关联显现出来，这种感知并不排除某种“移动”。柏格森摇摆于二择一的各个项之间，而不是有效地超越这些项。如果他超越了，那仅由此他就有权利回避“回忆保留在什么地方？”的问题，就像他随后做的那样。他如何有权利谈论“心理地点”？他的无意识理论弱点系于他对自为描述的一般弱点。

# 第十五课　文本解读："探寻经验之源" 102

## 文　本

（《物质与记忆》，第四章；《著作集》，第 319-323 页）

通常被称作"事实"的东西，不是呈现给直接直觉的实在，而是现实对实际利益和社会生活要求的适应。纯粹的直觉——无论是外在的还是内在的——是对未区分的连续性的直觉。我们将这种连续性分为并列的成分，这些成分在此处对应于不同的*词语*，在彼处对应于独立的*对象*。可是，我们正因为这样与我们原初直觉的统一决裂了，就感到不得不在这些互相分离的项之间建立一种联系。这种联系只能是外部的、被附加的。我们用一个空无的人为统一（这种统一就像它将之统一在一起的各个项那样是惰性的）代替产生自内在的连续性的活的统一。从根本上讲，经验论和独断论都同意从这样重构的现象出发，二者的不同只是在于：独断论更多地关注形式，经验论更重视材料。经验论实际上隐约感到了连接各个项的关系中的人为因素，因而只限于谈论各个项而忽略各种关系。经验论的错误并不在于赋予经验了过高的价值，相反在于用未被清楚表达的，因而无疑是非自然的和整理过的—— 103

为了最大程度地便利于行动和语言——经验代替真实的经验，代替从心灵与其对象的直接接触中产生的经验。对实在的分割正因为是为了实际生活的需要而进行的，所以它没有按照事物的结构的内在线索，经验论因而在所有重大问题上都不能满足心灵，它在充分地意识到自己的原则时，甚至避免提出这些问题。独断论发现并确定了经验论对之视而不见的难题；但真正说来，独断论是沿循经验论开辟的道路寻找解决这些难题的方法的。独断论也承认经验论所满足于的分离的、不连续的现象，并且试图把这些现象综合起来，这种综合由于没有在直觉中呈现，必然总是一种随意的形式。换言之，如果形而上学只是一种建构，那就会有多个同样可能的形而上学，它们因此互相排斥，最后的评判则留给了批判哲学：这种哲学认为任何知识都是相对的，而事物的根本是心灵难以达至的。实际上，哲学思维通常的进程是：我们从我们认为的经验出发，试图对表面上构成经验的片断做出各种可能的组合，面对被认为是我们的各种建构的不确定的东西，最终放弃了建构。但我们还希望完成最后一项任务：那就是寻找经验之源，或更恰当地说，在这个决定性的**转折**中，经验转向我们的功利性，因而变成为**人的**经验。正如康德指出的，理论理性的无力实际上可能只是理智的无力，理智屈从于身体生活的某些必然性，并且为了满足我们的需求，在必定解体的物质上活动。我们关于事物的知识，不再与我们心灵的基本结构有关，而仅仅与心灵表面的、已形成的习惯有关，与心灵从身体功能和内部需求那里得到的偶然形式有关。知识的相对性因此不是确定性的。消除这些需求所做的一切，我们就有可能恢复纯粹的直觉，恢复与实在的接触。

这种方法在应用的过程中，反复出现了一些严重困难，因为 104
这种方法为了解决每一个新问题，都要求做全新的努力。放弃某些思维的，甚至感知的习惯已很不容易：更不要说这是我们将要做的事情的否定方面。当我们做这一事情时，当我们处于我们称为经验的转折之点时，当我们利用初升的光——它照亮了从直接物到有用物的过程——时，人类经验就开始了；仍需做的是用我们从真实的曲线那里感知到的无限小的成分，重构延伸到这些成分背后的晦暗中的曲线形式。从这个意义上讲，我们所理解的哲学的任务，非常类似于从微分入手确定功能的数学的任务。哲学的最终一步，是真正的整合工作。

我们尝试过将这种方法应用于意识问题，在我们看来，就其对我们内心生活的感知部分，心灵的实际工作是将纯粹绵延折射到空间，这种折射使我们能够分离我们的各种心理状态，把它们引至一种越来越非个人的形式，为它们命名，最后让它们进入社会生活的进程中。经验论和独断论都把各种内在状态看作是不连续的，前者局限于关注状态自身，为的是只看到一系列并列的事实；后者理解关联的必要性，但只能在一种形式或一种力量中找到这种关联——其中有联合体的外在形式，以及不确定的，因而可说是确保成分的聚合的物质力量。由此，出现了自由问题上的两种相互对立的观点：决定论认为，行为是各种成分机械组合的结果；决定论的对手则认为，如果行为与自己的原则完全一致的话，自由的决定就应是一种随意的行为，一种来自于无的真正创造。我们认为还可以取第三种立场。这是重新置身于纯粹的绵延

之中。纯粹绵延是不断流动的，我们在这流动中，不知不觉地从一种状态进入另一种状态：这是真实经验的连续性，但是为了最
105 大限度地便利于实用知识，被人为地分解的真实经验的连续性。于是，我们相信看到了通过独特的演变而脱离之前行为的行为，以致我们在这个行为中发现之前的可以解释它的行动，不过这个行为同时加给了之前的行为某些绝对新的东西，这个行为在之前的行为上演进，犹如花上的果实那样。因此，正如我们说过的那样，自由完全没有由此被引向可感的自发性。这种自发性至多适用于动物：动物的心理生活尤其是情绪的。但人作为思想的存在，他的自由行为可称作感觉和观念的综合，并且是把合理性的演化带入自由行为中的演变。概言之，这种方法的巧妙只在于区分实用的或有用的知识的视点和真实的知识的视点。**我们在其中观看自己的活动**，而且我们在其中观看自己是有用的绵延是这样的绵延：其成分是分离的、并列的；我们在其中活动的绵延是这样的绵延：我们的各种状态在其中相互为根据，正是在这种绵延中，我们应该做出努力，以便借助思想重新对行为的内在性质做独特的思考，也即重新思考自由理论。

## 解　读

以上篇章具有双重意义。

（1）首先是关于经验和形而上学建构之间的关系

所有有可能像柏格森指责的独断论那样是专断的综合都应该诉诸直觉。我们因此应该拒斥根据多样性、根据这一多样性的关

联对知识（即使是观念的知识）进行区分。为了使形而上学的统一是自然的，我们必须在自我之中或之外重新找到我们因为存在而知道的，并且把握我们亲历的生命。本能是与生命存在者的前人类的关系。柏格森意在恢复这种前人类的关系。他试图找到一无所知的存在与同这个存在相分离的知识之间的一条通道。本能 106
一无所知；理智知道，但远离事物。因此必须把我们沉默的存在和我们被揭示出来的存在关联起来，借助重新把握我们的自发存在，从我们和事物的原始统一中获取知识。但我们只拥有曲线的片断：我们不是存在的全部。柏格森的方法因此不是纯粹而简单的同一化，而是存在和存在的建构（整合）之间的来-往。

《笑》中有关于咒语这样的语言的实证理论："通过有节奏的排列，语词被组合在一起，并且获得了原初的活力；咒语通过有节奏地排列语词对我们说话，或更恰当地说向我们暗示语言不表达的东西"。[①] 但这里说的是一些诗人。如果语言只是在成为咒语时才承载真理，那么哲学家又有什么必要存在呢？柏格森因此应放弃他的直接理论，并建立一种真正的交流理论。如果哲学家的任务是"重构曲线的形式"，那么柏格森的哲学就不能在直接性中被穷尽。如果生命对自身一无所知，就应该把知性理论和有价值的语言理论再融合起来。再者，这项工作已经被碎片化：在《思维与运动》中，柏格森又回到了直觉的问题上。

（2）其次，关于理性和自由的关系

柏格森以我为例说明直觉，在直觉中，绵延是在其自然统一

---

① 《著作集》，第 462 页。

中显现的。针对认为“自由被引向了可感的自发性”的反对意见，柏格森回应说：“人作为思想的存在，他的自由活动可被称为感觉和观念的综合，导向综合的演变可被称为合理化的演变。”这是认识到：自由的活动不是像果实从花而来那样从“我”而来。行为
107 的创新从原则上讲属于绵延的所有瞬间。但这种事先保证所有行为的创新并非十全十美。柏格森在《论意识的直接材料》中已说过：“很多人生生死死却不曾经历真正的自由。”[①] 自由因此不仅仅是心理生成的形式特性：真正的绵延在其展开之中，有着行为被中止、过去的意义被澄清、被接受的时刻。绵延因此不是它的每一时刻的绵延：我们应该同时从反思和实践角度重新理解它，否则，“合理的演化”就没有意义。

接下来的篇幅意在获得对世界的直觉：在空间背后的扩展，在运动物所占据的系列位置背后的个体运动。应用于运动的直觉似乎又是一种重合：通过从多样的运动回到运动的统一、从轨道回到路线，意识重返真实的运动。这就提出一个问题：直觉是否意在让我们重新找到运动的内在？在《物质与记忆》的阶段，运动是“坚固而不可分的”。[②] 不过，柏格森没有问这种知觉与外部知觉是否可分：是否在没有对于多样性的意识的情况下也有对于绵延的意识？康德在其《驳斥观念论》中指出：时间只能在空间的基础上被知觉。柏格森应该表明，存在着被经历的空间；不是从空间过渡到时间，而是从碎片的空间过渡到广延。此外，柏格

① 《著作集》，第 110 页。

② 同上书，第 325 页。

森在第四章中指出："人们能够不脱离广延而脱离空间，在此存在着对瞬间的回归。"[①] 但是，这样的说明没有下文。

因此，在给出直觉（直接重合）的最初观念之后，柏格森用整合的观念，也就是建构的观念对之进行补充：他的直觉倾向于成为辩证的。但他接下来的文字表明：他忘记了这些改变并且在实践中回到了他最初的观念。

"关于芝诺证明的笔记"——柏格森的结论是错误的，因为他 108
说运动是"不可分的整体"。[②] 在谈到两元对立时，他自己不是说过"不可分的事实系列"吗？[③] 如果存在着系列，整个问题就又提了出来。柏格森有理由反对"运动只是各种关联的变化"的观点；如果运动真如他断定的那样是状态的改变（"真正的运动与其说是事物的移动，不如说是状态的移动"），[④] 那就错了。如果状态的改变没有留下空间性的轨迹，那就不成其为运动。他想引出空间运动并将之归于时间，但他这样是取消了运动。为什么通常用空间的术语来表达运动？若没有这种表达，运动会成为什么？柏格森是跳过了矛盾，并没有解决矛盾，因为，这不仅仅要求一种重合，而且要求对矛盾的理解，没有这种理解，直觉就等同于放弃思考。

① 《著作集》，第 323 页。

② *Note sur les arguments de Zénon*，同上书，第 324 页。

③ 同上书，第 327 页。

④ 同上书，第 337 页。

109 # 第十六课　柏格森的形而上学中的直觉和建构的关系

关于直觉及其性质，柏格森的著作体现的是思想的摇摆，而不是改变。

《形而上学导论》（1903 年）表述的直觉理论与《物质与记忆》（1896 年）表述的不一样。但《创造进化论》（1907 年）重提了直觉－重合（intuition-coincidence）的论题！更有甚者，《思维与运动》（1922 年，1932 年出版）的前言中重新出现了对立。在这本书中，柏格森为《形而上学导论》补充了一个长注（《著作集》，第 1392-1393 页），以便回到他的“协调主义”。根据文本，直觉是与对象（第一个概念）的重合，或者相反，只是一种有限情况，精神不得不为了重构次要概念建立形象和观念。事实上，这涉及柏格森经常遇到的一个难题。

## 直觉－重合

根据这里的第一个概念，严格说来，只存在对自身的直觉。
110 “至少，实在的一部分，既我们自己的个人，能够以其自然的纯粹被感知。”[①] 直觉因此是对“我”的认识，是对实在的有限部分的认识。“我们所说的直觉首先是关于内在绵延的。”[②] 如果直觉延伸到“我”之外的其它东西，这会是借助于一个扩展的系列。[③]

（1）最初的扩展让我们到达无意识的我。“直觉首先意味着意识，不过是直接意识、是与被看见的对象有别的视觉、是作为相遇，甚至是重合的知识；其次是宽泛的意识，这种意识接近于既让步又反抗，既屈服又坚定的无意识：通过晦暗和光亮的快速变换，它让我们观察到无意识在那儿。”[④] 这是一位路过房间没有进入的人通过打开的门而看到的模糊景象。

（2）第二个扩展通过“心理的内渗透”把我们引入“普遍的意识”。[⑤] 比如心灵感应就与这种直觉相关。

（3）我们通过第三个扩展从普遍意识过渡到生命：“……我们只对意识有好感？如果所有生命存在出生、成长和死亡，如果生命是演化，如果绵延在此是实在，难道不也存在一种生命的直觉，因此存在一种生命的形而上学？这种形而上学将会延长生命存在的科学。”[⑥]

（4）最后，第四个扩展把我们引至无机物质：“物质世界，就其总体而言，让人期待我们的意识：它期待自身。……它从属于

① 《思维与运动》，“导论”，《著作集》，第 1269 页。

② 同上书，《著作集》，第 1272 页。

③ 参见《形而上学导论》，《著作集》，第 1419 页：“我们能够由于越来越强烈的力量而无限扩展。”

④ 《思维与运动》，“导论”，《著作集》，第 1273 页。

⑤ 同上。

⑥ 同上。

111 对它所包括的真实的变化、运动的直觉。”[1] 物质因此被理解为像无意识所是的那样：它是在我附近的东西。柏格森补充道：“这种概念使科学有了微分的观念，或更恰当地说，有了流数的观念。”[2] 在《形而上学导论》中，对现代数学有类似的说明：“我们注意到：许多重要发现，至少是那些改变了实证科学的发现或建立了新的实证科学的发现对纯粹绵延做了同样多的探索。”[3] 具有“自己特定领域”的精神直觉，要“在事物甚至物质事物中把握其精神性的部分”。[4] 对世界的直觉因此是间接的。根据这里的第一个概念，形而上学有一个有限的对象，有一种特有的方法：与科学的一致在共同分有现实的基础上成为可能。“科学于是占据着形而上学古老纲领的一半。……形而上学因此并不高于实证科学。……二者都涉及实在本身。但二者都只把握了实在的一半。”[5] 于是，科学的任务就是认识“不是我们之所是”的东西。

## 作为理解的直觉

但这还不够：“因为精神和物质相互关联，形而上学和科学在它们共同的地方，就能够相互证明，就能够期待其接触变得富有

① 《思维与运动》，“导论”，《著作集》，第 1274 页。
② 同上。
③ 《著作集》，第 1425 页。
④ 同上书，第 1274 页。
⑤ 同上书，第 1286 页。

成果。”[①]“两个对象之间是相互关联的。”[②]因此，形而上学不再局限在精神之中。

在哈佛大学的讲座中，他将形而上学看作对世界的知觉：“我们不是更应该（毋庸置疑，这并不放弃观念和推论的能力）回到知觉，接受其扩展和延伸吗？”（变化的感知）。[③]这涉及回到感 112
知而不是直觉。柏格森说：“……假定我们深入（到感知）以挖掘和扩展之，假定我们在其中嵌入我们的意志，而意志自我扩展，并且扩展我们对物的视觉”，[④]我们会得到一种“会把握一切”[⑤]的哲学。

这种哲学应该能够告诉我们它所感知到的是什么。它“用根据对象构造的新概念代替‘固定’、‘僵化’的概念；代替教条主义的固步自封”。[⑥]这些新概念将成为“灵活、生动、几乎是流动的表象，总是准备效仿直觉的不可捉摸的形式”。[⑦]在形而上学中使用这些概念因此是合法的和必要的：“这些概念对形而上学是必不可少的。”[⑧]

科学观念化是建立在事物的本性上的。相对于“形式数学”，还有一种“潜在或隐含的数学”，对于“人的精神来说是自然的”

---

① 《著作集》，第 1287 页。

② 《形而上学导论》，《著作集》，第 1393 页。

③ 《著作集》，第 1369 页。

④ 同上书，第 1370 页。

⑤ 同上。

⑥ 同上书，第 1421 页。

⑦ 同上书，第 1402 页。

⑧ 同上书，第 1401 页。

数学。[1]科学的观念化并非与直觉无涉。科学依直觉而生。“人的精神具有的最有力的探索方法，无穷分析的方法，就来自于这种颠倒。”[2]现代数学旨在“追随一代伟人”。[3]此外，“量在初生状态总是质的”。[4]形而上学因此进行“质的分化和整合”。[5]科学公式的语境是直觉的。伽利略对绵延“做了探索”。[6]我们远离了根据不同领域的区别而得出的一致：从此，哲学的科学、哲学被设想为科学。“现代科学既不是统一的，也不是单一的。”[7]现代科学深刻而丰富的概念“与实在的各种并不必然在同一点上会聚的进程
113 有同样的接触”。[8]《思维与运动》以同样的精神区分了两种“分明”类型，高级的类型是“完全新的和绝对简单的观念”的类型，我们会看到，“这种模糊的观念，消除晦暗”。[9]

因此，直觉是在劳作之后得到的。“哲学思考恰恰在于通过直觉的努力置身于具体的实在之内，对这一实在的批判将采取外部的两种视点：正题和反题。”[10]正题与反题之间的过渡因此能够是获取直觉的途径。

直觉不是一成不变地把握统一，而是毫无间隙地把握统一的

---

① 《著作集》，第 1278 页。
② 《形而上学导论》，《著作集》，第 1422 页。
③ 同上。
④ 同上书，第 1422-1423 页。
⑤ 同上书，第 1423 页。
⑥ 同上书，第 1425 页。
⑦ 同上书，第 1430 页。
⑧ 同上
⑨ “导论”，《著作集》，第 1276 页。
⑩ 《形而上学导论》，《著作集》，第 1430 页。

学说。[1]形而上学的直觉具有“根本上是主动的特征”。[2]重要的不是“简单地观看自己活着”。[3]直觉让我们——这是它的悖论——“确定对象存在是低于我们还是高于我们——尽管在某种意义上讲它是高于我们的”。[4]绵延就是这种悖谬的存在——它将我们与事物、与外在于我们的事物联系起来。在直觉中，重合与超越运动合为一体：的确，我们与之重合的是脱离我们的运动。“同样，一种以颜色为基础的意识，自然而然地从内部‘同情’橙色，而不是从外部感知橙色，它可能感到处在红和黄之间，也许甚至预感到后一种颜色之下的一个幽灵：在这个幽灵中从红到黄的连续性延续着，因此，对我们的绵延的直觉，远不是像纯粹分析做的那样，让我们悬于虚空中，而是让我们与我们应或是朝上或是朝下去追踪的绵延的所有连续性相接触：在这两种情况下，我们都能通过越来越有力的努力无限地扩展，都能够超越我们自身。[5]“超 114
越”这个词就在于此。同情在此不在于“自己变成机体的器官”，而是设定了“重新认识要被认识的事物”的努力。我们自身具有这种重新认识的方法，并凭借它赋予生命以意义。同情不再是接受，而是理解。

这就是“哲学直觉”（*L'intuition philosophique*）的讲座得以可能的原因。[6]柏格森相信，任何体系都包含着一种中心直觉。不过，

---

① 《形而上学导论》，《著作集》，第 1908–1909 页。
② 同上书，第 1416 页。
③ 同上。
④ 同上。
⑤ 同上书，第 1419 页。
⑥ 《著作集》，第 1345–1365 页。

他坚持其最初的哲学，他应认为在每种体系中都有多种直觉。如果直觉只是简单的重合，那么在任何重要哲学中都不会有各种论点的这种内在联系，我们在其中就不能觉察这样的直觉逻辑。因为直觉是理解的活动，所以，哲学的直觉构成了一种机制或体系。"意义……更多的是思想的运动，而不是被思之物，更多的是一种方向，而不是活动。"[①] 因此，确实存在一种直觉的逻辑和哲学的意义：比起《物质与记忆》中表达的观念，1903 年的《形而上学导论》表达的观念更有可能将直觉与知性整合在一起。

① 《著作集》，第 1358 页。

# 附录　感觉和无意识 115

（米歇尔·汝奥整理的里昂课程的未刊稿）

在比朗要我们对感觉进行思考的时候，应该反思无意识的概念。对比朗而言，意识和意志的活动都附着于以感觉为特征的动物生命。感觉若没有意识如何可能？

很少有人提出感觉的问题。在认识论中，感觉概念是不能被援引的：它似乎来自人们从外部观看事物。相反，如果我从内部、通过反思把握事物，那么我具有的谈论感觉的诸多理由就消失了。笛卡尔的启示是与感觉概念的哲学尊严相对立的：是灵魂，而不是眼睛在看。认识并不是将对象反映为视网膜上的形象。另外，看是对“人看见”的思考，没有任何身体器官能够做这样的活动，唯有思想能做。思想和不思想之间没有中间道路，不存在对自身不透明的思想。不能设想服从这样规定的思想的行为。思想因为不是物，因而拒绝传递性的因果性。这样被理解的意识是离心的，人们不认为有什么东西能够到达它。无意识的概念是无意识的。这就是布伦茨威格赞扬马勒伯朗士拒绝承认我们能够创造我们的 116
思想——甚至这只是注意的行为——时想要说的。思想不是诞生的行为，无意识（倾向）只不过是对理智的召唤，而理智并不服从于它，因为理智属于另一范畴。[①]在理智之外，没有任何需要解释的，关于理智，也没有什么需要解释的，只是要观察它。人们甚至不能说思想缺席：是我们错失了思想，而不是思想错失了我们。比朗的直觉的准-我为了能感觉到这种直觉，必须沉思，必须成为我，或者必须完全不是意识。人们于是陷入二择一：只有在将思想变成非真实概念的条件下，人们才能保留无意识的概念。

但是，当断定无意识不存在的时候，人们确定了什么呢？

波利策说，对无意识的否定不应是对大多数心理学家所说的
117 意识的肯定：对表象的沉思。[②]否定无意识，就其是否定未知物和肯定意识不是理解自身，而是认识在它之中发生的一切来说，是站不住脚的。在产生爱的情况下，这是否是站得住脚的？我完全有可能不是从我的有意识行为中获得意义，而是一个观察者向我揭示了它。感觉的每个阶段也许都是有意识的，但不是以被指定的表象形式。至少有未成形的东西存在。

---

① 根据17世纪哲学家关于无意识的非常深刻的观点，马勒伯朗士指出知性的努力和理解的意志如何只是对理智的召唤，“理智超越了这一召唤，因为诸多观念是完全不同于意识的感性材料范畴的实在……我们作为见证——但是作为无力的见证——参与了我们思想的诞生”（转引自《人类的经验和物理因果性》，同上，第9-10页）。

② 梅洛-庞蒂在此概括了波利策的后来的发展：“……只有抽象的方法能够断定有关精神分析事实的无意识。在这些条件下，为了消除对我们的批判的指责，只需指出：否认关于这些事实的无意识完全不意味着应该找到无意识的内容据以被设定为有意识的方法。事实上，只有在必须以这种方式或那种方式设想一个心理事实的实在时，否定这个心理事实是无意识的才隐含着肯定这一事实是有意识的，只有在一个心理事实被绝对地设想为在梦在进行和展开时是心理地真实时，否定它是无意识的才隐含着肯定它是有意识的”（《心理学基础批判》，第四章，巴黎，第二版，PUF，1967年，第203页）。

我们来区分一下意识和知识。弗洛伊德认为无意识并非是假想。我并非对之一无所知，因为我为了避开它试图将它设想为一种先-概念。关键是有某种东西呈现为意识的形态，但意识拒绝为之命名。应该区分在爱和知道一个人在爱。我在爱这一事实是不知道我在爱的理由，因为我在全心地经历这一爱，而不是把它置于我的眼前。

形式心理学家说，所有知识都是对背景上的形象的感知。围绕知识的应当是未被关注的边缘的未被认识的或未被认识清楚的东西，这种边缘不是补充，而是基本要素。鉴于对象是形象，人们在对知识的分析中将之看作缺少根据的是错误的。知识周围应是没有把对象设定为对象的意识。这是未被命名的“经历”，弗洛伊德错误地将之称为无意识。这种分析并不认为意识只与对象有关，因为并不是一切都同时是意识的对象。

笛卡尔的灵魂概念要求我们绝不能将灵魂驱逐出身体：这种驱逐会迫使我承认灵魂与其自身是分离的。我应当怀疑直接意识并置身于反思的认识之中。我认为存在于我双眼中的视觉感知会整个回归于中心的灵魂。应当将灵魂与自身的分离当作无意义的抛弃掉。景象只是精神活动的产物，这种活动使景象与灵魂发生 118
联系。

但感觉概念要求什么？这个概念要求主体排除在他之中的是为他人的？

我的双眼，我的视觉，在我看来都是前个人的，因为它们对于我来说是有限的：我的视觉场是有限的，不过是以不确定且多变的方式有限；它不像一扇窗那样显现得很清楚。在视觉消失于有限的场的过程中，我理解到我的意识以某种方式从后面受到进攻；我的视觉并非是我自己支配的活动。即使在视觉场内，也不是什么都是可见的：对象相互隐藏；我能够为了加入其中而移动位置，但这些显现没有一个是完全的。在意识背后，存在着“开放的对象”。

在主体那里应该有某种与这种给定物相应的东西。笛卡尔的主体不能关注开放的对象，就是说不能关注不可穷尽的对象。通过回到笛卡尔的反思，人们失去了开放的、未完成的对象。笛卡尔肯定会回应说，这个开放的对象是不恰当的。但我们试图看到的是：采取反思的决定性立场，人们失去了什么。感觉是并不占有其对象的思想，这种思想是不可整体化的。

支持哪种立场？在此，举证责任更多地落在了知性上面，因为从笛卡尔开始的整个认识史表明，充分相符的观念可能是不存在的。不是通过完全地把握对象，而是通过中止精神活动——这种精神活动建构了人们知道需要改变而且并非乌有的确定性——来定义思想的分析是可能的。应该从根本上引入思想与自身的不相符，若没有这种不相符，就不可能理解谬误、幻觉和知识的历史性。

同样，应该从本源上承认自由中的被动原则，否则，就不可理解自由的困难，也不可能理解人们能够向自由要求什么。

# 人名索引

（所标页码为原书页码，即本书边码）

# 主 题 索 引

（所标页码为原书页码，即本书边码）

**图书在版编目（CIP）数据**

梅洛-庞蒂文集. 第12卷，马勒伯朗士、比朗和柏格森论心身统一 /（法）梅洛-庞蒂著；（法）让 · 德潘编；杜小真译. --北京：商务印书馆，2025. --ISBN 978-7-100-25230-0

Ⅰ. B565.59-53

中国国家版本馆CIP数据核字第2025SD3967号



梅洛-庞蒂文集

第12卷

**马勒伯朗士、比朗和柏格森论心身统一**

〔法〕让 · 德潘 编

杜小真 译

---

商 务 印 书 馆 出 版

（北京王府井大街36号 邮政编码100710）

商 务 印 书 馆 发 行

北 京 通 州 皇 家 印 刷 厂 印 刷

ISBN 978－7－100－25230－0

---

2025年8月第1版　　开本 710×1000　1/16

2025年8月北京第1次印刷　　印张 9¼

定价：75.00元